"四说"新时代 打卡新思想

陈 晋 ◎ 主编

湖南人民出版社

当代中国青年是与新时代同向同行、共同前进的一代,生逢盛世,肩负重任。

——习近平

编者的话

新时代中国,前进的步伐,社会的变化,很快,很大。跟上这个时代潮流,需要人们及时地去感受它、理解它,需要抓住前进和变化过程中,同人们的工作、生活实践息息相关的一些耀眼"坐标"。

比如,新时代之"新",因为它有新的指导思想,这就是习近平新时代中国特色社会主义思想;有新的历史坐标,这就是中华民族和中国人民迎来了从站起来、富起来到强起来的伟大飞跃;有新的历史使命,这就是全面建成小康社会、全面建设社会主义现代化强国;有新的社会主要矛盾,这就是人民群众日益增长的美好生活需要和不平衡不充分的发展之间的矛盾;还有新的经济社会发展的战略安排,这就是进入新发展阶段,贯彻新发展理念,构建新发展格局……

怎样认识和体会这些"坐标",当然需要理论上的解读。同时,也需要联系实际的通俗化表达,通过普通读者特别是青少年读者习惯的途径和方式,让新时代之"新",能够"内化于心"地去感知它、认同它。

为此,本书尝试集中运用照片、漫画、数据、事例四种表现形式,来呈现新时代之"新",故谓之"四说"。全书尽量选取贴近读者生活感知的新颖素材,使新时代可见、可感、可知。同时,书中设置"新思想打卡"板块,使理论与实践相联系相结合,鲜活阐明新思想的一些要点。

参与本书编写的多为青年,读者大概率也是青年。青年、国家、时代,是一个永恒不灭的"铁三角",是彼此助推的浪潮。

我们常说时代匆匆,但时代哪有脚,走路的总是人。新时代容纳了我们每个人或大或小的梦想。网友很喜欢说一句话:"站对了风口,小猪都能飞起来。"站在时代的风口，梦想容易腾飞。2035年，中国将基本实现社会主义现代化，一眨眼就到了；到2050年，建成富强民主文明和谐美丽的社会主义现代化强国，也不太遥远。那时我们会在哪？会在做什么？以此倒推，我们今天的使命是什么？

青年兴则国家兴，青年强则国家强。当"后浪"新新青年闪亮登场、精彩纷呈，当拿着保温杯和红枣枸杞茶的"老青年"步履不停、依旧干劲满满，这便是最好的中国。

我们深知，新时代之精彩、新思想之博大，绝非一本小书所能涵盖。本书并不追求面面俱到，在编写形式上新的尝试，是想给青年读者接近上面这些感悟，提供一个视角和一点素材。由于水平所限，疏漏和遗憾之处难免，敬请读者朋友们批评指正。

编　者
2021年8月

目录

第一章
大有可为的新时代

经过长期努力，
中国特色社会主义进入了新时代。
新时代要有新气象，更要有新作为。

- ·006· 01 数说 新时代 新气象
- ·012· 02 图说 社会主要矛盾新变化
- ·015· 03 事说 这个舞台属于谁

新思想打卡
·018·

第二章
一张蓝图用心绘

一张好的蓝图，
只要是科学的、切合实际的、符合人民愿望的，
大家就要一茬一茬接着干。

- ·026· 01 画说 给"中国式现代化"画个像
- ·030· 02 图说 把握机遇直面挑战
- ·034· 03 事说 放飞我的2035

·038·

第三章
江山就是人民
人民就是江山

人民是我们党执政的最大底气，
是我们共和国的坚实根基，
是我们强党兴国的根本所在。

·044·	01	画说　中国历史发展的曲线
·047·	02	事说　紧紧依靠人民
·050·	03	数说　不断造福人民
·056·	04	图说　牢牢植根人民

新思想打卡

·060·

第四章
将改革进行到底

改革关头勇者胜，
我们将以敢于啃硬骨头、敢于涉险滩的决心，
义无反顾推进改革。

- ·066·　01　数说　民族复兴的关键一招
- ·070·　02　事说　改革只有进行时
- ·072·　03　图说　大道至简，实干为要
- ·076·　04　画说　顶层设计与摸着石头过河

新思想打卡

·079·

第五章
新理念引领新发展

我们要重视量的发展，
但更要重视解决质的问题，
在质的大幅提升中实现量的有效增长。

- ·086· 01 数说 一张答卷，不负人民
- ·088· 02 图说 五大理念，各显神通
- ·100· 03 事说 发力实体，开拓新局

新思想打卡
·103·

第六章
不能照搬政治制度的"飞来峰"

实现民主有多种方式，不可能千篇一律。
一个国家民主不民主，要由这个国家的人民来评判，
而不能由少数人说了算！

- ·110· 01 事说 你是否看到了一只鸡
- ·112· 02 数说 道路决定命运
- ·116· 03 事说 党的领导决胜疫情大考
- ·118· 04 图说 人民当家作主落到实处
- ·124· 05 画说 奉法者强则国强

新思想打卡

·127·

第七章
繁荣
社会主义文化

一个国家、一个民族不能没有灵魂。
文化文艺工作、哲学社会科学工作就属于
培根铸魂的工作。

- · 134 ·　**01**　数说　文化发展精彩纷呈
- · 136 ·　**02**　图说　讲好中国故事，培育时代新人
- · 142 ·　**03**　事说　绷紧意识形态之弦

· 145 ·

第八章
民生福祉"节节高"

民生工作直接同老百姓见面、对账，来不得半点虚假，既要积极而为，又要量力而行，承诺了的就要兑现。

- ·152·　01　数说　人民生活不断改善
- ·154·　02　画说　托举民生幸福
- ·156·　03　事说　全体人民的全面小康

新思想打卡

第九章
人与自然和谐共生

要把生态环境保护放在更加突出位置，
像保护眼睛一样保护生态环境，
像对待生命一样对待生态环境。

- ·166·　01　数说　美丽中国新面貌
- ·170·　02　图说　绿水青山就是金山银山
- ·178·　03　事说　绿色发展成就绿色生活

新思想打卡

第十章
10 揭开国家安全的"面纱"

坚持系统思维,构建大安全格局,
促进国际安全和世界和平,
为建设社会主义现代化国家提供坚强保障。

- ·186· 01 画说 认识"大安全"
- ·192· 02 数说 建设"平安中国"
- ·195· 03 事说 "最美逆行者"

新思想打卡

·198·

第十一章
构建人类命运共同体

推动建设持久和平、普遍安全、共同繁荣、开放包容、清洁美丽的世界，让人类命运共同体建设的阳光普照世界。

- ·204· 01 画说 世界怎么了，我们怎么办
- ·207· 02 数说 全球治理的中国担当
- ·211· 03 事说 "一带一路"插上腾飞的翅膀

新思想打卡

·213·

第十二章
党的领导是根本保证

坚持和完善党的领导,
是党和国家的根本所在、命脉所在,
是全国各族人民的利益所在、幸福所在。

- ·220· 01 画说 众星捧月,众志成城谋发展
- ·224· 02 图说 立柱架梁,党内制度威力显
- ·228· 03 数说 刀刃向内,自我革命永不息
- ·232· 04 事说 我将无我,肩负重托领路者

新思想打卡 ·235·

后记 ·237·

经过长期努力，中国特色社会主义进入了新时代。新时代要有新气象，更要有新作为。

——2017年10月25日，习近平在十九届中共中央政治局常委同中外记者见面时的讲话

"你是什么时候感觉到'中国强大了'？"

这个2015年提出的网络话题，至今收获了上万条回答，近10万人关注，2.6亿次浏览。

有青年朋友写道：我们是幸运的一代，有幸见证了国家走向富强，真切感受到生活日新月异。

百年中国，今非昔比，正以雄伟的身姿屹立于世界东方；千载华夏，复兴在即，亿万人民坚定自信地踏上新征程。

这是我国历史上最为广泛而深刻的社会变革，也是人类历史上最为宏大而独特的实践创新。

这是一个奋进的时代，这是一个离梦想最近的时代，这是中国特色社会主义新时代！

第一章 大有可为的新时代

01 数说
新时代 新气象

3400吨
一分钟减少二氧化碳排放量
约3400吨
2020年减少
二氧化碳排放量约**17.9亿**吨

4.8米
一分钟新建高速铁路4.8米
2020年投产
高速铁路**2521**公里

一分钟的中国，会发生什么？

短短一分钟，却有百万种可能，长长60秒，背后是亿万人民的努力。嘀嗒过去的每一分钟，都在见证和成就着"中国奇迹"。

复兴号以350公里的时速在中华大地上飞驰穿梭，传唱着新时代的故事，"中国速度"让世界惊叹。

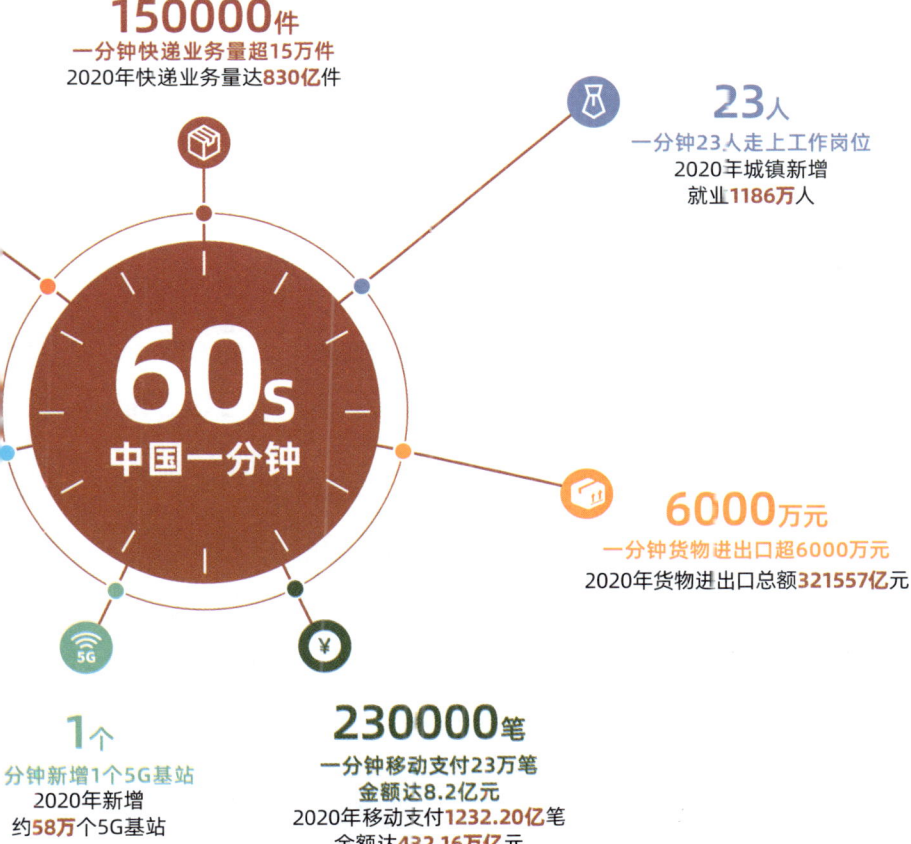

9小时完成火车站大改造,43小时重建立交桥,5小时给铁路搬家,两个半小时拆除一座大桥,实至名归的"基建狂魔",层出不穷的"超级工程",彰显的是新时代中国的磅礴力量和发展效率!

2020年全国居民人均消费支出及构成

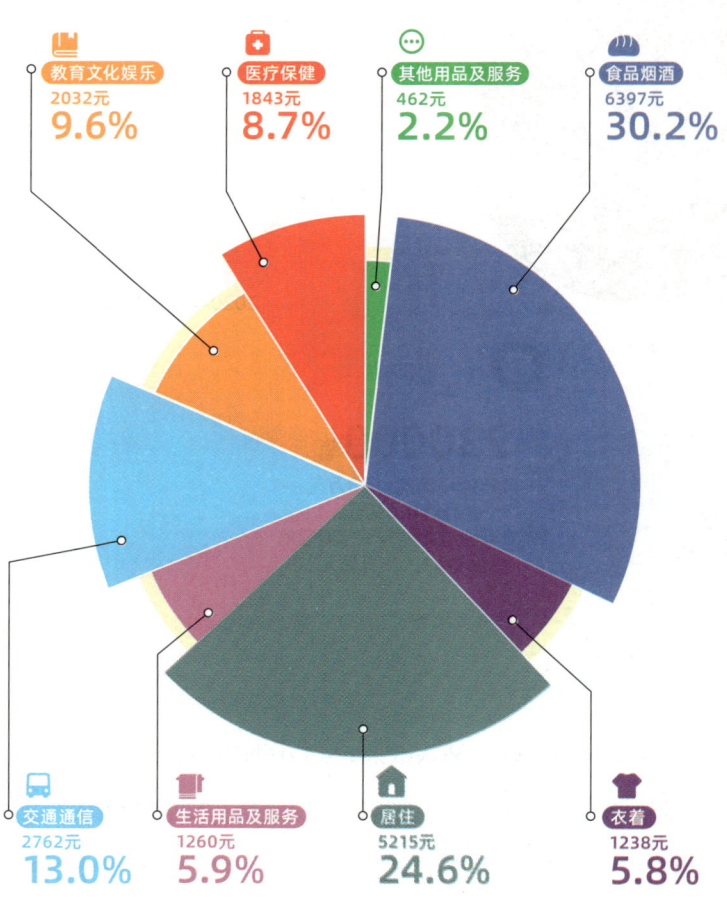

这些年的我们，生活有何新变化？

恩格尔系数稳步下降，我们的账本上，支出种类明显变多；餐桌上更加丰盛，生活滋味越来越浓；旅行出游稀松平常，休闲娱乐空间不断拓展……

从"吃饱"到"吃好"，从"基本消费"到"品质消费"，从"维持生活"到"享受生活"，百姓生活的点滴变化，体现的是居民收入的持续增加，"中国日子"越过越好，这是新时代传递给我们每个人的"获得感"！

今天的中国,在"地球村"扮演怎样的角色?

2020年是极不平凡的一年,新冠肺炎疫情肆虐全球,中国在逆风前行的同时,积极履行大国担当,组织上百场跨国视频专家会议,毫无保留地与各国分享抗疫经验,向全球公开发布实战中摸索出的诊疗方案。

我们发起新中国成立以来规模最大的全球人道主义行动,向150多个国家和10个国际组织提供抗疫援助,积极推进药物、疫苗研发合作,扎实履行将疫苗作为全球公共产品的大国承诺。

这是新时代的"中国形象",这是"大国应有的样子",我们拥抱世界、"平视世界",为世界贡献智慧和力量!

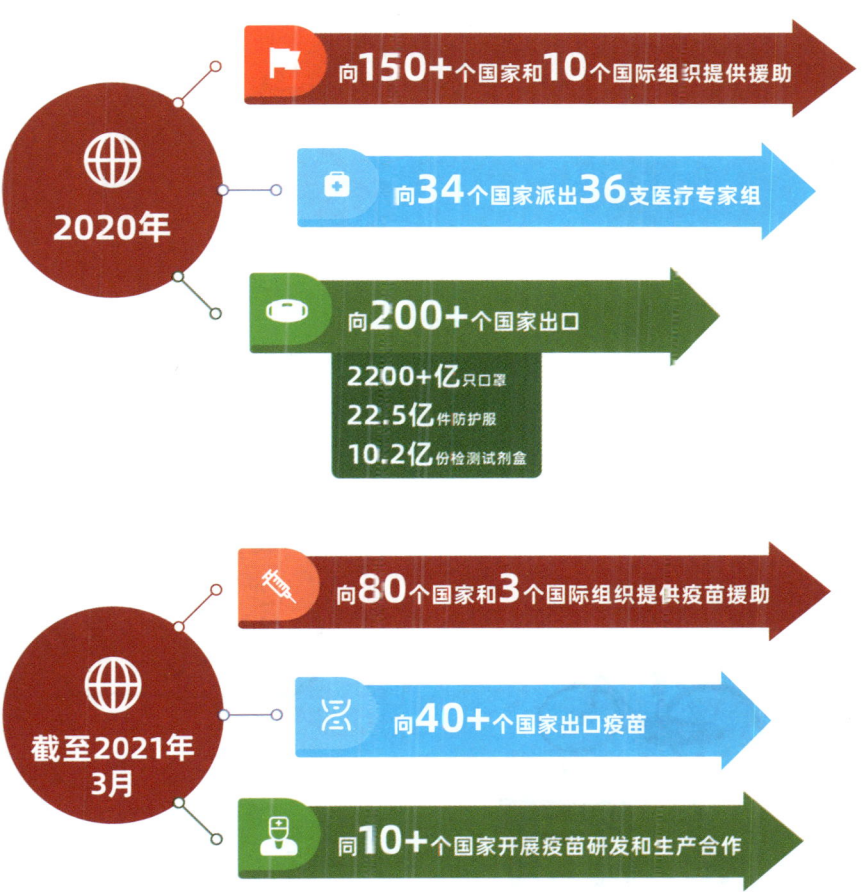

图说
社会主要矛盾新变化

※ 20世纪70年代以来"三大件"的变化

"变化者,乃天地之自然。"社会在矛盾运动中不断向前发展,社会主要矛盾也随着经济社会发展而变化,认识社会主要矛盾是把握社会发展阶段的"钥匙"。

百变中国,民生为先。每个年代的"三大件",是属于时代的共同记忆,反映了不同时期中国百姓对家庭幸福生活的生动诠释和品质定位。"三大件"的迭代更新,见证了社会发展变迁,也充分体现了人民不断升级的美好生活需要。进入新时代,新老"三大件"已成为历史,"三十大件"也说不完今天的美好生活,人们的向往更加广泛而多元。

新时代,人民日益增长的美好生活需要和不平衡不充分的发展之间的矛盾成为我国社会的主要矛盾。这一变化,没有改变我们对我国社会主义所处历史阶段的判断,我国仍处于并将长期处于社会主义初级阶段的基本国情没有变,我国是世界最大发展中国家的国际地位没有变。

03 事说
这个舞台属于谁

2021年2月11日晚,张焱林、陈雨馨、肖恩、周诗琪等4名来自衡阳市祁东县启航学校留守儿童合唱团的孩子,登上央视春晚舞台,与成龙、李玟等明星共同演唱歌曲《明天会更好》,令人眼前一亮。

这4名孩子代表全国留守儿童,在春晚舞台上,唱响乡村振兴和现代化建设的嘹亮之声,他们充满自信与幸福的笑脸,是脱贫攻坚以来农村新风貌、国家新变化、百姓新生活的生动写照;他们甜美的歌声,也是所有留守儿童的共同心声。

这些留守儿童从大山深处走出来,先后走进湖南音乐厅、国家大剧院,又走上春晚舞台,他们的成长是时代与社会共同培育的"硕果"。

启航留守儿童合唱团成立于2017年,由祁东县启航学校校长陈亮伟和湖南科技大学王育霖教授带领的"心与馨志愿支教队"共同创建,是湖南第一个留守儿童合唱团。

为了提升孩子们的艺术水平,王育霖和他的研究生团队每周来学校给合唱团排练一天,平时就通过电话、视频进行指导。学校还专门邀请深圳童声合唱专家李兰老师、湖南城市学院白卓灵老师多次来校指导。一路走来,合唱团的演唱水平不断提高,并逐渐唱出了影响力,频频代表学校参加专业赛事和交流活动。

一开始,也有家长表示不理解和不支持,认为参加这些排练活动耽误了孩子们的学习,尤其在有些爷爷奶奶眼里,分数是第一位的,这给排练带来了不少阻力。但随着孩子们在各项比赛中取得越来越多的好成绩,获得越来越多的荣誉,合唱团也得到越来越多家长的支持。每当学校有合唱团的演出,许多家长还特地赶来学校观看,有些家长还给学校寄来了热情而真挚的感谢信。

合唱团用音乐滋养和温暖了留守儿童稚嫩和孤独的心灵,让许多留守儿童由自卑到自信、由内向到阳光、由孤僻到活泼。

"春晚是一次历练,也是一段成长。"陈亮伟说。对于孩子们的成长来说,这段经历不只是光环和荣耀,更主要的是希望孩子们明白:只要努力,留守儿童也同样有很多出彩的机会,同样能站上人人梦寐以求的舞台。

"我们想去更多、更大的舞台上唱歌,让更多的人听到我们的歌声!"4名孩子回到衡阳后,与合唱团其他成员相聚,许下了更大的愿望。此刻,他们激情满怀、雄心壮志!

新时代给予每个人出彩的机会,这个辽阔舞台,属于每一位有梦想的中国人。

习近平总书记强调:"新时代是中国特色社会主义新时代,而不是别的什么新时代。"这个新时代,既同改革开放以来的发展历程一脉相承,又体现了很多与时俱进的新特征,内涵丰富、意蕴深远。

中国特色社会主义进入新时代,意味着近代以来久经磨难的中华民族迎来了从站起来、富起来到强起来的伟大飞跃,迎来了实现中华民族伟大复兴的光明前景;意味着科学社会主义在二十一世纪的中国焕发出强大生机活力,在世界上高高举起了中国特色社会主义伟大旗帜;意味着中国特色社会主义道路、理论、制度、文化不断发展,拓展了发展中国家走向现代化的途径,给

世界上那些既希望加快发展又希望保持自身独立性的国家和民族提供了全新选择，为解决人类问题贡献了中国智慧和中国方案。

这个新时代，是承前启后、继往开来、在新的历史条件下继续夺取中国特色社会主义伟大胜利的时代，是决胜全面建成小康社会、进而全面建设社会主义现代化强国的时代，是全国各族人民团结奋斗、不断创造美好生活、逐步实现全体人民共同富裕的时代，是全体中华儿女勠力同心、奋力实现中华民族伟大复兴中国梦的时代，是我国日益走近世界舞台中央、不断为人类作出更大贡献的时代。

新时代，我们解决了许多长期想解决而没有解决的难题，办成了许多过去想办而没有办成的大事；新时代，我国社会主要矛盾发生新变化，党的理论创新实现新飞跃，党和国家事业确立新目标，中国和世界关系开创新局面，中国共产党展现新面貌；新时代，我们比历史上任何时期都更接近中华民族伟大复兴的目标，比历史上任何时期都更有信心、更有能力实现这个目标。

中国特色社会主义进入了新时代,这一重大政治论断,赋予党的历史使命、理论遵循、目标任务以新的时代内涵,为我们深刻把握当代中国发展的新阶段新特征,科学制定党的路线方针政策提供了时代坐标和基本依据。

新时代属于每一个人,每一个人都是新时代的见证者、开创者、建设者。伟大梦想不是等得来、喊得来的,而是拼出来、干出来的。一切伟大成就都是接续奋斗的结果,一切伟大事业都需要在继往开来中推进。新时代是需要英雄并一定能够产生英雄的时代,这是奋斗者的时代,也必将是大有可为的时代!

一张好的蓝图,只要是科学的、切合实际的、符合人民愿望的,大家就要一茬一茬接着干。

——2013年2月28日,习近平在中共十八届二中全会第二次全体会议上的讲话

为什么要追求现代化?

现代化,是人类社会发展变革"集大成"的历史过程;社会主义现代化,是几代中国人心驰神往、接续奋斗的美好愿景。

回首过往,现代化是近代以来中国社会的内在要求与应然趋势,新中国成立后,"四个现代化"的宏伟目标激励各族人民不断投身伟大事业。展望未来,建设社会主义现代化国家的新征程已全面开启,到21世纪中叶,中华民族将以更加昂扬的姿态屹立于世界民族之林。

路线图已绘就,倒计时已启动,这张富强民主文明和谐美丽的蓝图将在我们手中一步步变为现实!

第二章
一张蓝图用心绘

画说
给"中国式现代化"画个像

历史车轮滚滚向前,奋进步伐永不停息。新中国成立70多年来,中国全速奔跑在现代化的赛道上,从"现代化的迟到国"成为"世界现代化的增长极""最大的经济和社会变革的实验室"。

它是全体人民共同富裕的现代化,而不是少数人富起来、大多数人穷的现代化。

中国式现代化是在中国这块古老而又崭新的大地上的现代化,是近代以来中华民族孜孜以求的梦想,是独具特色、有别于资本主义的社会主义现代化。

它是人口规模巨大的现代化,而不是少数人的现代化。

它是物质文明和精神文明相互协调的现代化,而不是只追求经济利益、忽略道德建设的现代化。

它是人与自然和谐共生的现代化，而不是以破坏环境为代价而追求发展的现代化。

它是走和平发展道路的现代化，而不是充斥霸权主义的现代化。

中国式现代化打破了只有遵循资本主义现代化模式才能实现现代化的神话，克服了资本主义现代化所固有的先天性弊端，提供了现代化的全新选择，展现了人类社会现代化的光明前景。

在世界历史的坐标上，中国式现代化是后发国家的现代化，工业化、信息化、城镇化、农业现代化"并联式"叠加发展，拓展了发展中国家走向现代化的途径，让想发展、要发展的国家看到坚持走符合自身国情的发展道路是可行的。

中国实现现代化，将创造人类历史的奇迹，是世界现代化历程中的重大事件。比现在所有发达国家人口总和还要多的中国人民进入现代化行列，将深刻改变世界面貌，为人类社会发展作出前所未有的贡献。

02

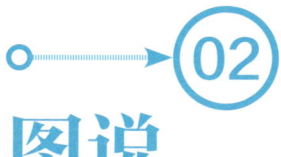

图说

把握机遇直面挑战

※ 2020 年，满载防疫物资和生活用品的中欧班列穿梭不停，全年开行超过万列

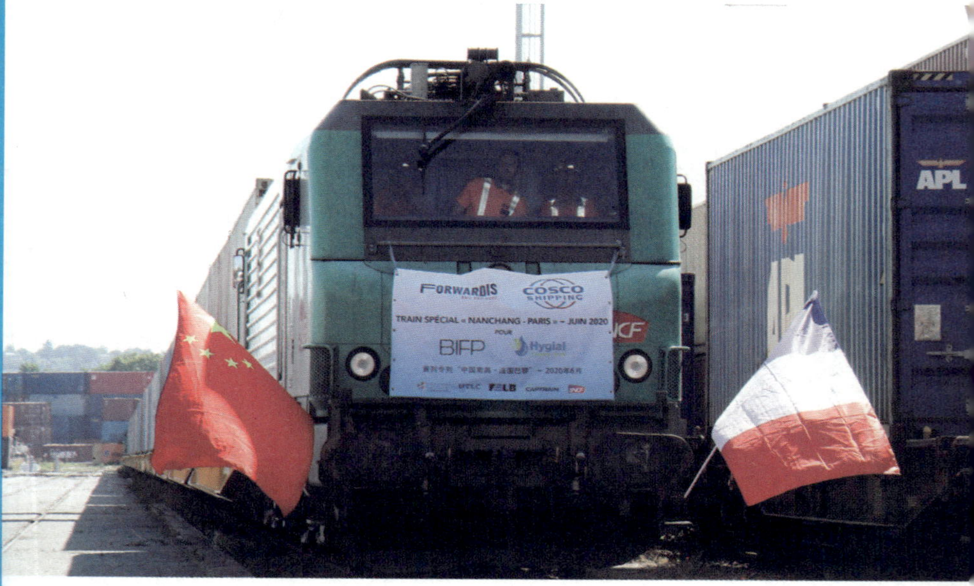

※ 2020年11月15日，第四次区域全面经济伙伴关系协定（RCEP）领导人会议以视频方式举行，会后15个RCEP成员国正式签署该协定

　　当前，国内外形势发生深刻复杂变化，世界正经历百年未有之大变局，不稳定性不确定性明显增加，新冠肺炎疫情影响广泛深远，经济全球化遭遇逆流，一些国家单边主义、保护主义盛行。我国已转向高质量发展阶段，但发展不平衡不充分问题仍然突出，重点领域关键环节改革任务仍然艰巨，还存在许多短板弱项。

※ 2020年中国国际服务贸易交易会期间，观众在5G通信服务专题展区参观

※ 2021年4月1日，第四届中国国际进口博览会部分参展商参展签约仪式

在诸多矛盾交织叠加、风险挑战显著增多、发展环境严峻复杂的情况下，我国发展仍处于重要战略机遇期。加快经济结构优化升级，提升科技创新能力，深化改革开放，加快绿色发展，参与全球经济治理体系变革都将带来新的机遇。

我们要保持战略定力，发挥制度优势，把握主动、奋勇前进，善于育先机、勇于开新局，不断扩大对外开放水平，集中力量把自己的事情办好，朝着全面建成社会主义现代化强国的宏伟目标阔步前行。

事说
放飞我的 2035

党的十九届五中全会提出"2035年远景目标",在"中国号"巨轮上共同逐梦的我们,正在筑就怎样的未来?让我们一同放飞2035。

2020年,9岁的马铭阳是哈尔滨市虹桥第一小学三年级十三班的学生,品学兼优,多才多艺。二年级时,因为身手敏捷、身高达标,她被体育老师选入篮球队训练,每天利用早操时间在学校练球。经过刻苦训练,一年后,作为虹桥一小女篮的一员,她所在的球队夺得2020年黑龙江省小学生篮球赛冠军。她说:"我希望将来能成为中国女篮队员,除了练好篮球,我还想努力学习考上好大学,

15年后的生活会更精彩。""2035年,我就24岁了,应该在读研究生。早晨去研究所做实验,下午去参加大学生篮球联赛训练。毕业后,我可以选择到国外开始职场生涯,也可以到最好的中国赛场上比拼。"

2018年,31岁的曹有忠回到山东省茌平县贾寨乡耿店村老家创业,成为村里第一个做电商、开网店的新农民,也是村里蔬菜水果种植面积最大的种植户,创办有自己的蔬菜品牌"朵园"。2020年6月,曹有忠在拼多多的网店开业,15天就卖出去3.5万斤西红柿,给村里打开一条产销对接新通道。目前,曹有忠的新事业仍处于起步阶段,但随着果树陆续进入挂果期,事业的春天并不遥远。曹有忠说,2035年国家将基本实现农业现代化,新农人要快马加鞭。"最近几年,我们村已经有80多名年轻人从城市回到农村创业,有了年轻人的村庄,充满生机和活力。新一代的年轻农民和父辈们完全不一样了,我们也将打造乡村振兴新图景。""2035年,生态果园瓜果飘香,48岁的我会坐在梨树下和来观光旅游的游客们喝着茶,聊聊村庄的变化。"

45岁的王与雄是湖北大学附属中学副校长。2017年5月,他由湖北省教育厅选派,成为湖北首批"组团式"教育援藏干部,在山南市担任山南一中校长。服务期满后,他主动申请留在西藏,现任东辉中学校长。援藏工作中,他筹措资金,为学校建设新教学楼,改变着"帐篷学校"的落后面貌。如今,王与雄除了做好日常教学管理工作外,还组织藏族师生到全国各地交流,增长才干、开阔眼界。王与雄说:"到2035年,城乡区域发展差距和居民生活水平差距显著缩小,那时西藏孩子们的生活条件、受教育条件也会更好,乡村孩子也有机会享受优质教育。""那时我59岁,应该已经回武汉了,头发也白了,但还要在三尺讲台上工作。时不时,最好有援藏时教过的学生,从世界各地打来全息影像电话,大家畅谈新的经历和体会……"

1999年,张保国作为排爆紧缺人才从部队转业到济南市公安局,成为局里第一个也是当时唯一一个专业排爆手。现任济南市公安局特警支队副支队长的他曾给队员立下规矩:"有排爆任务我先上,如果我不在了,谁的党龄长谁上。"从警以来,他一次次与"死神"擦肩而过,成功处置涉爆现场110余次，排除爆炸装置和可疑爆炸物140余个，被评为全国公安系统一级英雄模范。女儿在2019年考入中国人民公安大学让54岁的张保国很欣慰，他说："2035年，平安中国建设达到更高水平，女儿应该也已经成长为一名能挑重担的人民警察。那时社会的法治水平更高，犯罪率将进一步降低，我希望女儿能够拥有这样的时代。"

80岁的田连元出身曲艺世家，9岁拜师学艺，学唱西河大鼓兼练三弦。因其精湛的表演艺术，有人称他"一张嘴，说尽天下大事。一个人，穿越古今时空。一抖扇，烽烟重新过眼"。近年来，评书表演艺术受到大众娱乐节目的冲击，但田连元作为国家级非物质文化遗产代表性传承人，一直坚持带徒授艺，传承评书表演技艺。他说："我相信到2035年，我国建成文化强国时，评书这种传统曲艺形式，会不断推陈出新，'老曲艺'也会有大舞台、大市场。"

国家发展新蓝图，是由亿万国人的梦想所支撑，而2035年的中国将迎来怎样的精彩图景，也从如今开始，从每个中国人的奋斗开始，正不断焕发炫目光彩。

习近平总书记指出："建成社会主义现代化强国，实现中华民族伟大复兴，是一场接力跑，我们要一棒接着一棒跑下去，每一代人都要为下一代人跑出一个好成绩。"

改革开放以后，我们党对我国社会主义现代化作出战略安排，提出"三步走"战略目标。解决人民温饱问题、人民生活总体上达到小康水平这两个目标已提前实现。在此基础上，我们党提出，到建党一百年时建成经济更加发展、民主更加健全、科教更加进步、文化更加繁荣、社会更加和谐、人民生活更加殷实的小康社会，然后再奋斗30年，到新中国成立一百年时，基本实现现代化，把我国建成社会主义现代化国家。

党的十八大，发出了向"两个一百年"奋斗目标进军的时代号召。党的十九大，站在新的更高的历史起点上，高瞻远瞩地擘画了到21世纪中叶之前中国发展的蓝图，为此后30多年全面建设社会主义现代化国家规划了路线图。在全面建成小康社会的基础上，分两个阶段来实现第二个百年奋斗目标。从2020年开始再奋斗15年，到2035年基本实现社会主义现代化，从2035年到21世纪中叶，在基本实现现代化的基础上，再奋斗15年，把我国建成富强民主文明和谐美丽的社会主义现代化强国。党的十九届五中全会提出2035年远景目标，进一步明晰了我国基本实现社会主义现代化的宏伟蓝图。

全面建设社会主义现代化国家，是从我国社会主义建设实际情况出发，经过科学考量作出的战略安排，是中华民族在实现全面小康的千年梦想之后，迎来的实现伟大复兴新征程。我们要立足新发展阶段，在新征程上续写更多更值得骄傲的伟大胜利，在新的赶考之路上向人民、向历史交出新的优异答卷！

人民是我们党执政的最大底气,是我们共和国的坚实根基,是我们强党兴国的根本所在。

——2019 年 5 月 31 日,习近平在"不忘初心、牢记使命"主题教育工作会议上的讲话

"廊庙之材,盖非一木之枝也;粹白之裘,盖非一狐之皮也。"

"大鹏之动,非一羽之轻也;骐骥之速,非一足之力也。"

这两句话分别出自战国慎到的《慎子·知忠》以及汉代王符的《潜夫论·释难》。第一句意思是:庙廊高堂的建起,靠的不是一棵树的木材;白色狐裘的做成,靠的不是一只狐狸的腋毛。第二句意思是:大鹏翱翔天空,靠的不是一根羽毛的轻盈;骏马急速奔跑,靠的不是一只脚的力量。

同理,历史的前进、时代的发展,靠的也不仅仅是少数英雄豪杰的赫赫功勋,而是需要汇集和激发广大人民群众的磅礴力量。

人民群众是历史的创造者,一切成就归功于人民,一切荣耀归属于人民!

第三章

江山就是人民

人民就是江山

01 画说

中国历史发展的曲线

如果我们将中国的历史发展放到一个坐标系中,画成一条曲线,这条曲线应该是什么样的呢?下面四个选项粗略来看较为接近的应该是哪一条?答案自然是 A 选项。

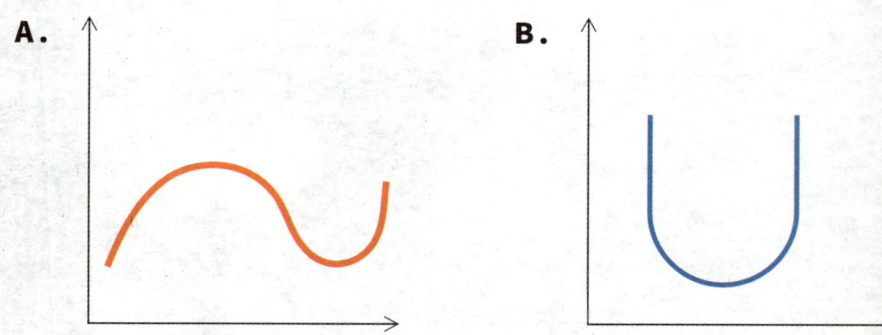

回望历史,公元前1世纪,西汉是当时世界上最强大的国家;公元7世纪,唐朝GDP占全球1/3,"我从东土大唐来"成为玄奘西行的通行证;公元14世纪,明朝朱元璋时期,中国综合国力世界最强;然而转眼到了公元19世纪,中国这个古老东方大国却陷入了被列强蚕食鲸吞的地步。

在中华民族的至暗时刻,救亡图存的危急关头,各种政治力量纷纷兴起,试图救民族于危亡,拯人民于水火,然而最终只有中国共产党完成了近代以来其他政治力量都没有能完成的艰巨任务,带领中国人民迎来了从站起来、

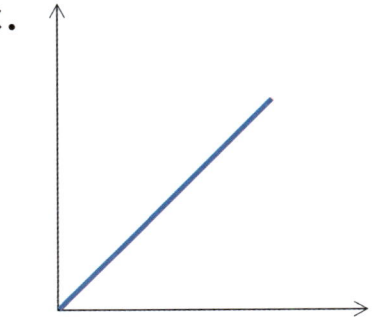
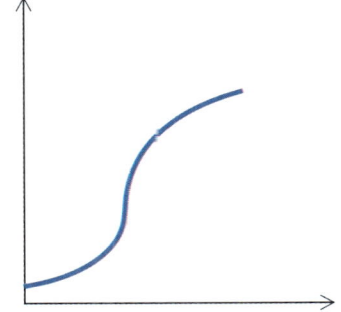

富起来到强起来的伟大飞跃。

中国共产党为什么"能"？习近平总书记的一段话给出了答案："人民立场是中国共产党的根本政治立场，是马克思主义政党区别于其他政党的显著标志。党与人民风雨同舟、生死与共，始终保持血肉联系，是党战胜一切困难和风险的根本保证，正所谓'得众则得国，失众则失国'。"

从石库门到天安门，从兴业路到复兴路，我们党百年来所付出的一切努力、进行的一切斗争、作出的一切牺牲，都是为了人民幸福和民族复兴。

02 事说
紧紧依靠人民

1900年,八国联军从广渠门的下水道攻入北京城,京城的老百姓站在岸上,好奇地打量着这些外国人。电视剧《大宅门》里也曾经表现过这样一个场景:中日甲午战争战败的消息传来,老百姓却像没事人一样,照旧过着自己的日子。在封建君主专制制度下,国家是统治者的私产,老百姓不是国家的主人,被排除在了政治生活之外。因而在部分老百姓看来,朝廷与列强打仗与他们不说毫不相干,至少也并不那么利害攸关。清朝末年,部分老百姓对于民族和国家的屈辱表现出如此漠然的一面,深刻反映了梁启超在《论近世国民竞争之大势及中国前途》一文中讲到的"民不知有国,国不知有民"的状况。

国不知有民,民就不知有国;谁将人民放在心上,人民就把谁放在心上。中国共产党从一个最初仅仅只有50多名党员的小党,到今天成为拥有9500多万名党员的世界第一大党,其发展壮大的密码就是始终坚持和践行为中国人民谋幸福、为中华民族谋复兴的初心与使命。

长征路上,红军战士借宿沙洲村,自己仅有一条被子,也要剪下一半留给村民;抗日战争时期,冀中群众主动打死家中的狗,从此夜间行动的八路军"行军百里无狗叫",得以不被日军发现;解放战争时期,运城攻坚战中,得知部队需要木材,老百姓家家户户卸下门板,将17万多块门板送到前线。正如刘伯承所说的:"我们所依靠的是人民,蒋介石所依靠的是碉堡。"

人民的小推车,推出了淮海战役的胜利奇迹;人民的"小铁锹",挖出了大油田,把"中国贫油"的帽子甩到了太平洋;人民的"大包干",拉开了农村改革的历史大幕;人民的齐心协力,筑起了抗击新冠肺炎疫情的坚固防线。

正是因为党的心里装着人民,人民的心中才会装着党;正是因为人民群众舍生忘死、抛家弃业的坚定支持和追随,中国共产党才能领导广大人民迎来站起来的伟大飞跃,新中国成立时回荡在天安门广场的那声响彻云霄的"人民万岁",是对人民力量最真挚的礼赞;正是因为亿万人民群众团结一心,众志成城齐心建设新中国,中国共产党才能带领广大人民迎来从富起来到强起来的新时代,庆祝中国共产党成立100周年大会上习近平总书记那句掷地有声的"伟大、光荣、英雄的中国人民万岁",是对人民力量最诚挚的敬意。

数说
不断造福人民

你见过蝗虫怎样渡河么？第一个走下水边，被水冲去了，于是第二个又来，于是第三个，于是第四个；到后来，他们的尸骸堆积起来，成了一座桥，其余的便过去了。这是陈独秀曾讲的"蝗虫渡河"的故事，他由此想到共产党人对生命价值的独特注解："那过去底人不是我们的真生命，那座桥才是我们的真生命，永远的生命！"

革命战争年代，无数的先烈抛头颅，洒热血，为我们换来了新生的中华人民共和国，为我们换取了和平安宁的生活。仅以湖南省为例，在1927年至1949年间，牺牲的革命烈士就多达20多万人，毛泽东一家6人为革命而牺牲，何长工家族30多名亲属因革命惨遭杀害,贺龙的贺氏宗亲中有名有姓的烈士就达2050人。

而在和平年代,仍有无数优秀中华儿女舍生忘死,保卫我们的家园,守护我们的人民。邓稼先"君视名利如粪土,许身国威壮河山",领导研制中国核武器;铁人王过喜"宁肯少活二十年,拼命也要拿下大油田",奋不顾身跳进泥浆用身体搅拌水泥堵住井喷;谷文昌誓言"不治服风沙,就让风沙把我埋掉",带领群众将荒岛变为绿洲;孔繁森扎根藏区,将真情大爱倾注雪域高原;黄文秀主动请缨扶贫一线,以生命书写初心和使命;疫情期间,党员干部们坚守抗疫战场第一线,坚持"疫情不退,我不退""我是党员,我先上"。

百年党史中,无数优秀共产党人以身作桥,将人民渡向了光明幸福的未来,这是对我们党"以人民为中心"最为生动的阐述。

中 国

★ 现行标准下**9899万**农村贫困人口全部脱贫，
832个贫困县全部摘帽，
12.8万个贫困村全部出列。

★ 贫困地区农村居民人均可支配收入，
从2013年的**6079**元
增长到2020年的**12588**元，
年均增长**11.6%**。

★ 农村贫困家庭子女义务教育阶段辍学问题实现**动态清零**，
2020年贫困县九年义务教育巩固率达到**94.8%**。 📖**94.8%**

★ **6098万**贫困人口参加了城乡居民基本养老保险，
基本实现应保尽保。 ¥**6098万**

★ **98%**的贫困县至少有一所二级以上医院，
99.9%以上的贫困人口参加基本医疗保险，
全面实现贫困人口看病有地方、有医生、
有医疗保险制度保障。 🏥**98%**
🛡**99.9%**

数 据

★ 全国1800多名同志在脱贫攻坚斗争中牺牲。　　 ♀1800+名

★ 全国累计选派**25.5万**个驻村工作队、**300多万**名第一书记和驻村干部，同近**200万**名乡镇干部和数百万村干部一道奋战在扶贫一线。

★ 累计解决**2889万**贫困人口的饮水安全问题，饮用水量和水质全部达标，**3.82亿**农村人口受益；贫困地区自来水普及率从2015年的**70%**提高到2020年的**83%**。

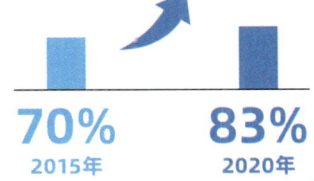

★ 贫困地区农网供电可靠率达到**99%**，贫困村通光纤和4G比例均超过**98%**。　　 ⚡**99%**　 🌐**98%**

★ 2013年以来，**790万**户、**2568万**贫困群众的危房得到改造，累计建成集中安置区**3.5万**个、安置住房**266万**套，**960多万**人"挪穷窝"。

2020年11月23日，我国最后9个贫困县宣布摘帽。至此，经过8年艰苦卓绝的努力，全国832个贫困县全部脱贫，现行标准下近1亿贫困人口实现脱贫，区域性整体贫困得到解决，困扰中华民族几千年的绝对贫困问题历史性地画上句号，书写了人类发展史上的伟大传奇。

改革开放以来，中国7.7亿农村贫困人口摆脱贫困，占同期全球减贫人口70%以上，超过欧洲国家的人口总和。党的十八大以来，平均每年1000多万人脱贫，相当于一个中等国家的人口脱贫。我国用短短几十年时间就历史性解决了绝对贫困问题，提前10年实现联合国《2030年可持续发展议程》确定的减贫目标。

千年梦想，圆梦今朝。在"上下同心、尽锐出战、精准务实、开拓创新、攻坚克难、不负人民"的伟大脱贫攻坚精神的鼓舞下，我们取得了脱贫攻坚战的全面胜利，标志着我们党在带领人民群众创造美好生活、实现共同富裕的道路上迈出了坚实的一大步，极大增强了人民群众的获得感、幸福感、安全感。脱贫攻坚战的全面胜利，是"以人民为中心"价值理念的最好诠释。

突如其来的新冠肺炎疫情，如同一把尺子，量出了人民在一个制度中到底占据怎样的位置。上至百岁老人，下至新生婴儿，我们坚持一个都不放弃，应收尽收、应治尽治、应检尽检，在疫情防控的大考中交出了让人民满意的答卷。在湖北，一位87岁的老人感染新冠肺炎，同时身患多种基础性疾病，入院后医院给他配置了一个治疗专班，全力救治，身边十来个医护人员精心呵护几十天，终于挽救了老人的生命。据统计，截至2020年4月，湖北省累计治愈80岁以上新冠肺炎患者达3000多人。

2021年3月5日，国务院总理李克强在政府工作报告中指出："新冠肺炎患者治疗费用全部由国家承担。"根据国家医保局统计，截至2020年底，我国各地医保部门向新冠肺炎患者定点收治机构预拨专项资金194亿元，全年累计结算新冠肺炎患者治疗费用28.4亿元。平均每个新冠肺炎患者治疗费用为2万多元，重症患者人均治疗费用超过15万元，一些危重症患者的治疗费用甚至高达上百万元。

这些数字印证了我们坚持的人民至上、生命至上的理念，为了保护人民生命安全和身体健康，我们可以不惜一切代价。

04 图说

牢牢植根人民

※ 2019年10月1日晚，庆祝中华人民共和国成立70周年联欢活动中烟花表演点亮"人民万岁"

※ 2020年国庆期间,天安门广场上的"万众一心"花篮

"中华人民共和国","人民"永远是其中的关键词。我国各级国家机关都冠以"人民"二字,充分反映了人民是国家的主人翁。没有一种力量比从人民群众中汲取的力量更强大,没有一种根基比植根于人民群众之中更坚实。所以毛泽东说:"我们共产党人好比种子,人民好比土地。我们到了一个地方,就要同那里的人民结合起来,在人民中间生根、开花。"

"民惟邦本,本固邦宁。"历史和现实雄辩地证明,一个政党,一个政权,其前途命运最终取决于人心向背。人民是一切工作的最高裁决者和最终评判者,依靠人民、植根人民是我们党克难制胜的力量源泉。忘记了人民,脱离了人民,我们党就会成为无源之水、无本之木,就会一事无成。

习近平总书记强调:"中国共产党根基在人民、血脉在人民。党团结带领人民进行革命、建设、改革,根本目的就是为了让人民过上好日子,无论面临多大挑战和压力,无论付出多大牺牲和代价,这一点都始终不渝、毫不动摇。"

从毛泽东要求全党同志要全心全意为人民服务,到邓小平强调做工作必须考虑群众拥护不拥护、赞成不赞成、高兴不高兴、答应不答应,到江泽民提出我们党要始终代表最广大人民的根本利益,到胡锦涛提出必须把实现好、维护好、发展好最广大人民根本利益作为一切工作的出发点和落脚点,再到习近平总书记强调人民对美好生活的向往就

是我们的奋斗目标,其中一以贯之的主线就是"以人民为中心"。可以说中国共产党是为人民而生,又因人民而兴,无论在过去、现在还是将来,人民都是我们党一切行动的根本出发点和落脚点。

"时代是出卷人,我们是答卷人,人民是阅卷人。"我们党的执政能力、执政水平和执政成效,既不由自己说了算,也无须别的国家评判,人民就是我们党执政能力、执政水平和执政成效的最高裁决者与最终评判者,一切都以人民是否真正得到了实惠,人民生活是否真正得到了改善,人民权益是否真正得到了保障为标准。过往的成绩和成就由人民创造,过往的光荣和勋章属于人民;未来的发展和进步要由人民书写,未来的蓝图和景象要由人民绘就。在党的领导下我们的人民必将书写更加辉煌灿烂的伟大历史,擘画更加宏伟绚丽的伟大蓝图,续写更加波澜壮阔的伟大奇迹。

改革关头勇者胜，我们将以敢于啃硬骨头、敢于涉险滩的决心，义无反顾推进改革。

——2015年9月22日，习近平在美国华盛顿州当地政府和美国友好团体联合欢迎宴会上的讲话

"周虽旧邦，其命维新。"

站在五千年灿烂文明孕育、滋养的热土上凝视中国，就如同欣赏一幅厚重精彩的画卷，处处升腾着改革创新的气势，磅礴不息。

改革开放40多年来，中国迅速成长跃升为世界第二大经济体，综合国力显著提高，人民生活极大改善，中国特色社会主义充满生机与活力。然而，粗放的发展方式，也潜藏着巨大的风险与挑战，积累了一系列深层次的问题和矛盾。

中国，该如何走向未来？中国，怎么办？

这，是历史之问，是人民之问，也是时代之问！

解答问题的关键就是全面深化改革！

第四章
将改革进行到底

数说

民族复兴的关键一招

改革开放以来我国居民人均可支配收入变化

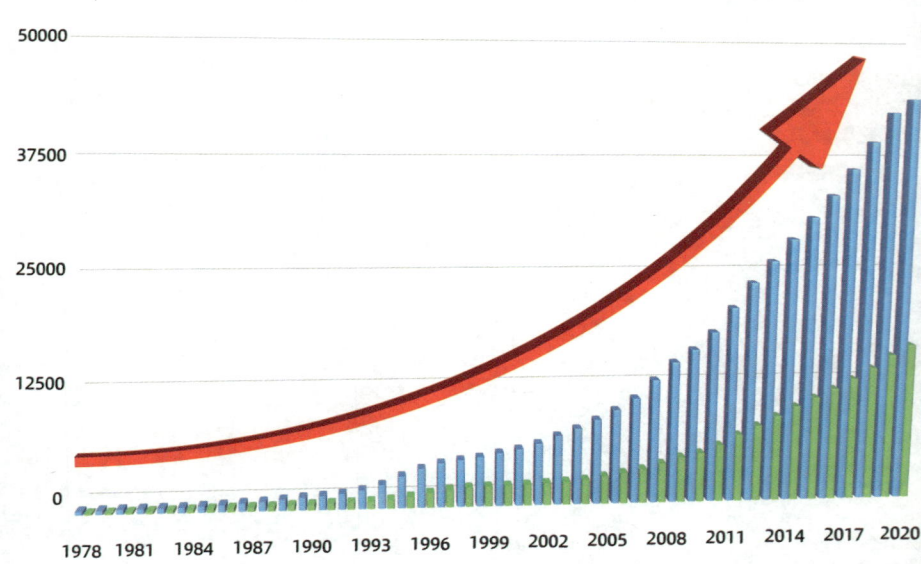

改革开放以来,我国国内生产总值年均实际增长9%以上,远高于同期世界经济不到3%的年均增速。随着我国经济快速增长,全体人民共享改革发展成果,城乡居民收入连续跨越式提升,居民财富不断增加,生活水平显著提高。1978年,城镇、农村居民人均可支配收入仅343元和134元,2020年增长到43834元和17131元,全面建成小康社会取得决定性成就。

收入增加的同时,人民生活出现巨大变化。在吃的方面,我们从大锅饭吃不饱,到解决温饱,再到吃得好。现在我们又强调吃得少,减肥健身成为热门话题,很多人最喜欢听的一句话是"你又瘦了"。在出行方面,从改革开放之前的走路靠腿、上坡靠推,到现在私家车几乎家家有,网约车接送到家门口,出门高铁、飞机,旅途可以说走就走。

全面深化改革数据
（截至2020年底）

40次
中央全面深化改革领导小组会议

17次
中央全面深化改革委员会会议

2000+项
改革方案

500+个
重要改革文件

　　党的十八届三中全会就改革作出了自改革开放以来最为系统全面的顶层设计，是我国改革开放进程中的重要里程碑，标志着我国改革开放事业进入一个新的历史阶段。全会召开以来，党中央积极谋划、举旗定向，对全面深化改革作出一系列重大战略决策和部署。截至2020年底，习近平总书记亲自主持召开40次中央全面深化改革领导小组会议和17次中央全面深化改革委员会会议，审议通过500多个重要改革文件，推出2000多项改革方案。全面深化改革大刀阔斧、攻坚克难，呈现出全面发力、多点突破、蹄疾步稳、纵深推进的局面。

新时代以来，经济、政治、文化、社会、生态文明体制和党的建设制度改革全面发力，党和国家机构改革、行政管理体制改革、依法治国体制改革、司法体制改革、外事体制改革、社会治理体制改革、生态环境督察体制改革、国家安全体制改革、国防和军队改革、党的领导和党的建设制度改革、纪检监察制度改革等一系列重大改革扎实推进，夯基垒台、立柱架梁的改革任务基本完成，四梁八柱性质的改革主体框架基本确立。中国特色社会主义制度更加完善，国家治理体系和治理能力现代化水平明显提高。

实践雄辩地证明，改革开放是中国特色社会主义发展的不竭动力，是实现中华民族伟大复兴的关键一招，已经在我国经济、政治、社会、文化、生态各个领域中显现出无与伦比的辉煌业绩，深刻改变了中国的面貌、中华民族的面貌、中国人民的面貌、中国共产党的面貌。

事说
改革只有进行时

在深圳有两棵特殊的高山榕。第一棵在仙湖植物园,那是1992年1月邓小平同志视察深圳时种下的,它目睹了改革开放的光辉历程,见证了党的基本路线要管100年的语重心长。第二棵在莲花山公园,是2012年12月习近平总书记考察深圳时种下的,它目睹了我国全面深化改革的新征程,见证了我们党的坚定政治定力。

党的十八大闭幕不久,习近平总书记第一次出京考察,就选择了在我国改革开放中得风气之先的广东。他专程来到深圳莲花山公园,向伫立在山顶的邓小平铜像敬献花篮。俯瞰特区的繁荣景象,习近平总书记感慨地说,我们来瞻仰邓小平铜像,就是要表明我们将坚定不移推进改革开放,奋力推进改革开放和现代化建设取得新进展、实现新突破、迈上新台阶。也正是在这次考察中,习近平总书记明确宣示:"我们的改革开放是有方向、有立场、有原则的。"这一振聋发聩的重大论断,为新时代全面深化改革提供了基本遵循。

没有改革开放,就没有中国的今天;离开改革开放,也没有中国的明天。中国特色社会主义在改革开放中诞生,也必将在改革开放中发展壮大。实践发展永无止境,解放思想永无止境,改革开放也永无止境,改革只有进行时,没有完成时。

深圳的这两棵高山榕,枝繁叶茂、苍劲挺拔,就像一本历史书一样,书写着春天故事的传奇,告诉我们:改革开放是党和人民大踏步赶上时代前进步伐的重要法宝,我们必须将全面深化改革进行到底。

图说
大道至简,实干为要

※ 2018年3月23日,中华人民共和国国家监察委员会举行揭牌和宪法宣誓仪式

诺贝尔经济学奖得主斯蒂格利茨曾形象地说过，中国已经走出改革初期的浅滩阶段，正站在大河中央，选择彼岸的到岸位置。改革进入攻坚期和深水区，容易的、皆大欢喜的改革已经完成了，好吃的肉都吃掉了，剩下的都是难啃的硬骨头，面对的暗礁、潜流、漩涡也越来越多。改革涵盖的领域愈加广泛，触及利益格局的调整愈加深刻，涉及的矛盾和问题愈加尖锐，突破体制机制的障碍愈加艰巨，继续推进改革的复杂性、敏感性、联动性前所未有。历史告诉我们，改革开放中的矛盾只能用改革开放的办法来解决。中国要前进，就要全面深化改革，除了全面深化改革，别无他途。

大道至简，实干为要。改革必须坚持知行合一，真抓实干，埋头苦干。党的十八大以来，国务院已经分16批取消下放1094项行政许可事项，其中国务院部门实施的行政许可事项清单压减比例达到47%。党的十九届三中全会作出深化党和国家机构改革的决定，对党和国家组织结构和管理体制进行了一次系统性、整体性重构，实现党和国家机构职能优化协同高效。

※ 上海市浦东新区企业服务中心办事大厅内的"一业一证"宣传板

"人民有所呼,改革有所应。"全面深化改革要始终站稳人民立场,坚持以人民为中心,做到老百姓关心什么、期盼什么,改革就要抓住什么、推进什么,保证人民平等参与、平等发展的权利,使改革发展成果更多更公平惠及全体人民,不断促进社会公平正义、增进人民福祉。

※ 2020年10月14日,原籍浙江湖州的居民在上海市徐汇漕河泾社区事务受理服务中心公安综合窗口,仅用了3分钟就完成了户口迁移落户手续

2019年7月,上海浦东新区启动"一业一证"改革,43个行业先后实现"一证准营"。过去开一家便利店,要填9张表、办5个证,办理时限达95个工作日,而今只需1张表、1个证,5个工作日就能搞定。2020年10月,上海市公安局会同浙江省公安厅共同推出沪浙"跨省市户口网上迁移"便民措施,积极推动跨省市户口迁移"一站式"办理,着力打造长三角区域"互联网+户政服务"线上办理新模式。从个人所得税减免到养老金并轨,从收入稳定增长到社保待遇逐步提高……近年来一系列惠民利民的改革措施落地开花,老百姓收获满满的幸福感。

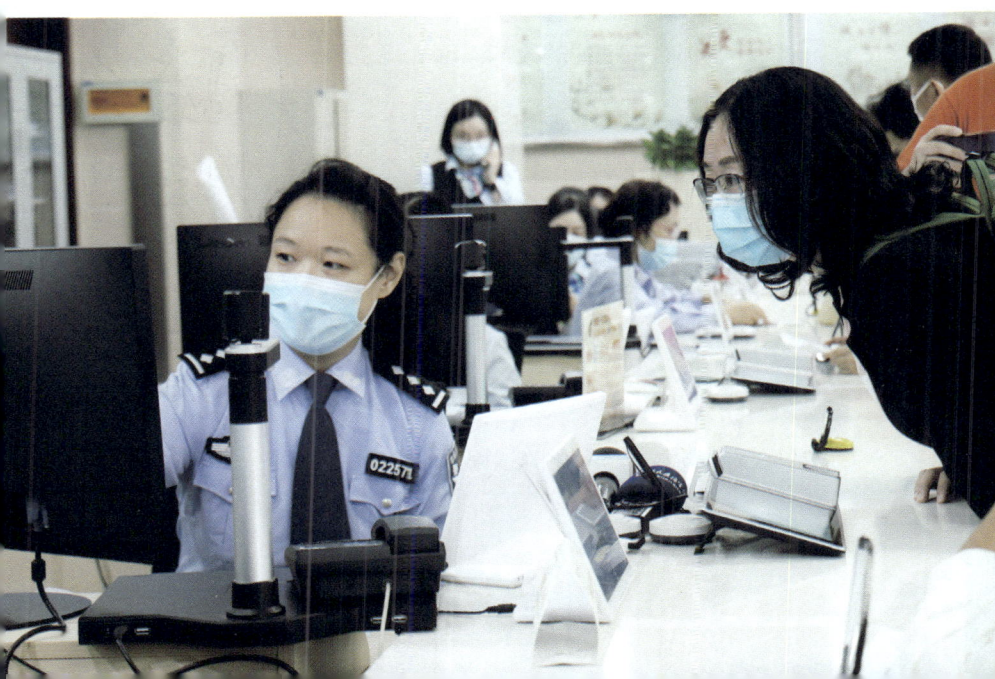

画说
顶层设计与摸着石头过河

摸着石头过河，是富有中国特色、符合中国国情的改革方法。摸着石头过河就是摸规律、摸国情、摸实际，对必须取得突破但一时还不那么有把握的改革，可以试点探索、投石问路，边实践边总结，从实践中获得真知，看得很准了再推开。我国改革开放就是这样走过来的，是先试验、后总结、再推广不断积累的过程，是从农村到城市、从沿海到内地、从局部到整体不断深化的过程。

摸着石头过河,避免了因情况不明、举措不当而引起的社会动荡,为稳步推进改革、顺利实现目标提供了保证。摸着石头过河,符合人们对客观规律的认识过程,符合事物从量变到质变的辩证法。不能说改革开放初期要摸着石头过河,现在再摸着石头过河就不能提了。

同时,不谋全局者,不足谋一域。全面深化改革作为一个复杂的系统工程,涉及党和国家工作全局,既涉及生产力又涉及生产关系,既涉及经济基础又涉及上层建筑,涉及经济社会发展各领域,涉及许多重大理论问题和实际问题。为此,必须更加注重顶层设计、总体规划,提高改革决策科学性、增强改革措施协调性。

顶层设计就是谋全局,在改革中以系统化防止碎片化,以协调防止紊乱,以长远规划遏制短期行为。从"三步走""新三步走"的长期规划,到"国民经济和社会发展五年规划"的中期规划,再到每年中央经济工作会议等短期规划,顶层设计贯穿改革开放的全过程。

在中国这样一个有着5000多年文明史、14亿多人口的大国推进改革发展,没有可以奉为金科玉律的教科书。摸着石头过河和加强顶层设计是辩证统一的,推进局部的阶段性改革要在加强顶层设计的前提下进行,加强顶层设计要在推进局部的阶段性改革的基础上来谋划。全面深化改革,要始终将"顶层设计"和"基层探索"二者有机结合。

习近平总书记指出:"一个时代有一个时代的问题,一代人有一代人的使命。虽然我们已走过万水千山,但仍需要不断跋山涉水。在新时代,中国人民将继续自强不息、自我革新,坚定不移全面深化改革,逢山开路,遇水架桥,敢于向顽瘴痼疾开刀,勇于突破利益固化藩篱,将改革进行到底。"

改革开放是坚持和发展中国特色社会主义的必由之路,是决定当代中国命运的关键一招,也是决定实现"两个一百年"奋斗目标、实现中华民族伟大复兴的关键一招。改革由问题倒逼而产生,又在不断解决问题中得以深化。旧的问题解决了,新的问题又会产生,因而改革既不可能一蹴而就,也不可能一劳永逸。40多年来,通过改革,能解决、好解决的问题我们都解决了,剩下的就是难啃的硬骨头,但我们必须啃下来!

随着我国改革进入攻坚期和深水区,零敲碎打调整和碎片化修补不行,某个领域、某个方面的单向突进也不行,必须要有一个总体设计,并据此进行全面深化改革。习近平总书记强调:"全面深化改革,全面者,就是要统筹推进各领域改革,就需要有管总的目标,也要回答推进各领域改革最终是为了什么、要取得什么样的整体结果这个问题。"

党的十八届三中全会首次提出了全面深化改革总目标——完善和发展中国特色社会主义制度、推进国家治理体系和治理能力现代化,并且围绕这个总目标,合理布局了全面深化改革的战略重点、优先顺序、主攻方向、工作机制、推进方式和时间表、路线图,形成了改革理论和政策的一系列新的重大突破。

全面深化改革总目标是一个内涵丰富的有机整体。完善和发展中国特色社会主义制度这一句,规定了根本方向,这个方向就是中国特色社会主义道路,而不是其他什么道路。推进国家治理体系和治理能力现代化这一句,规定了在根本方向指引下完善和发展中国特色社会主义制度的鲜明指向。两句话都讲,才是完整的、全面的。

世界在发展,社会在进步,不实行改革死路一条,但是乱改一通也是死路一条。全面深化改革必须始终坚持方向不变、立场不移、原则不改,从我国国情出发,有领导有步骤推进改革,既不走封闭僵化的老路,也不走改旗易帜的邪路,坚持党对改革的集中统一领导,坚持以人民为中心的改革价值取向,坚持科学的方法论,推动党和人民事业更好发展,确保改革沿着正确航向破浪前行。

我们要重视量的发展，但更要重视解决质的问题，在质的大幅提升中实现量的有效增长。

——2017年12月18日，习近平在中央经济工作会议上的讲话

大国经济发展需要新思想新理念的引领。

党的十八大以来，以习近平同志为核心的党中央坚持观大势、谋全局、干实事，成功驾驭了我国经济发展大局，在实践中形成了以创新、协调、绿色、开放、共享为核心的新发展理念。

这一理念是中国特色社会主义政治经济学的最新成果，是党和国家十分宝贵的精神财富，必须长期坚持并不断丰富发展。

在新的"指挥棒、红绿灯"的引领下，中国经济发展由高速增长阶段转向高质量发展阶段，现代化经济体系建设成效显著。

第五章
新理念引领新发展

数说

一张答卷，不负人民

★ 新中国成立以来，1952年我国国内生产总值仅为**679亿**元，人均国内生产总值为**119**元，经过长期努力，1978年我国国内生产总值增加到**3679亿**元，占世界经济的比重为**1.8%**，居全球第**11**位。

人均**119**元　比重**1.8%**　全球第**11**位

679亿元　**3679亿**元
1952年　　1978年

★ 改革开放以来，我国经济快速发展，1986年经济总量突破**1万亿**元，2000年突破**10万亿**元大关，超过意大利成为世界第**六**大经济体，2010年达到**412119亿**元，超过日本并连年稳居世界第**二**。

10376亿元　**100280亿**元　**412119亿**元
1986年　　　2000年　　　　2010年

1949年，中国共产党人"进京赶考"，70多年过去，我们党交上了一份人民满意的答卷。中国经济实力不断迈上新台阶，创造了举世瞩目的"中国奇迹"，对世界经济增长的贡献率连续多年超过30%，成为"地球村里最靓的仔"。

★ 党的十八大以来，我国综合国力持续提升。
2016年以来，我国经济总量连续跨越**70万亿**、**80万亿**、**90万亿**元大关，
2019年，我国国内生产总值达到**986515亿**元，占世界经济的比重超过**16%**。
按不变价计算，1979—2019年我国经济年均增长**9.4%**，
远高于同期世界经济**2.9%**左右的年均增速，
对世界经济增长的年均贡献率为**18%**左右，仅次于美国居世界第二。

★ 2020年春季以来，面对新冠肺炎疫情的严重冲击和中美贸易摩擦的剧烈波动，我国的经济实力、科技实力、综合国力跃上新的大台阶，经济运行总体平稳，经济结构持续优化。2020年国内生产总值突破**100万亿**元，人均国内生产总值连续两年超过**1万**美元，我国成为唯一实现经济正增长的世界主要经济体。

图说
五大理念，各显神通

理念是行动的先导，一定的发展实践都是由一定的发展理念来引领的。发展理念是否对头，从根本上决定着发展成效乃至成败。

实践充分证明，新发展理念具有很强的战略性、纲领性、引领性，是指挥棒、红绿灯，是我国发展思路、发展方向、发展着力点的集中体现，是管全局、管根本、管方向、管长远的。

新时代以来，新发展理念引领我国发展全局发生了深刻变革，绘就了中国特色社会主义政治经济学的实践新画卷。

创　新

※ 2020年12月17日凌晨，嫦娥五号返回器携带月球样品在内蒙古四子王旗预定区域安全着陆

2020年6月23日，北斗三号最后一颗全球组网卫星发射成功，补上了北斗卫星导航系统覆盖全球的最后一块拼图；8月17日，深圳成为全球首个实现5G独立组网全覆盖的城市，率先迈入5G时代；12月17日凌晨，嫦娥五号返回器顺利着陆，将月球样品带回古老的中华大地。

新时代以来，"天眼"探空、"神舟"飞天、"蛟龙"入海、"嫦娥"奔月、"墨子"传信、"北斗"组网、"天问"探火……一大批重大科技成果相继问世，中国"赶上世界"的强国梦实现了历史性跨越。中国进入世界创新力排名前15位，在科技革命中的角色由跟跑者、参与者向并跑者、变革者转变。

从北京中关村到上海张江，从深圳南山到武汉光谷……创新之花开遍神州大地，这些创新正在塑造着面向未来的新型经济，助推中国在新一轮科技革命和产业变革中实现弯道超车。

协 调

※ 浙江湖州大力实施乡村振兴战略，促进共同富裕，建设农民集中安置房

办成一件事，需要协调；推进一项事业，需要协调；成就一番伟业，更需要协调。协调是成事成功的一大规律、一把"金钥匙"，是新发展理念中的一大核心理念。

推动协调发展，既要城市繁荣，也不让农村凋敝；既要东部率先，也要西部开发、中部崛起、东北振兴；既要物质丰裕，也要精神丰富；既要金山银山，也要绿水青山。

在浙江，特色小镇从无到有，从有到优，涌现出了一批"产业特而强、功能聚而合、形态小而美、体制新而活"的特色小镇，实现了生产、生活、生态"三生融合"，成为助力城乡协调发展、推进乡村振兴战略的重要载体。

绿 色

※ 马庄村村边的潘安湖国家湿地公园一景,这里曾是采煤塌陷区

随着我国经济社会发展不断深入,生态文明建设的地位和作用日益凸显。党的十八大把生态文明建设纳入中国特色社会主义事业总体布局,使生态文明建设的战略地位更加明确,有利于把生态文明建设融入经济建设、政治建设、文化建设、社会建设各方面和全过程。

在江苏贾汪,马庄村曾是一个典型的采煤村,因过度开采,该村周边一度沦为采煤塌陷区,生态环境遭到严重破坏。近年来,当地贯彻绿色发展理念,走生态转型发展之路,开展人居环境整治,大力发展文化产业,村庄及周边环境焕然一新。

习近平总书记亲临贾汪时,称赞贾汪转型实践做得好,现在是"真旺"了!在察看治理修复后的潘安湖时,总书记指出,只有恢复绿水青山,才能使绿水青山变成金山银山。

开　放

※ 第三届中国国际进口博览会场馆——国家会展中心（上海）南广场

经济全球化是社会生产力发展的客观要求和科技进步的必然结果,是谋划发展所要面对的时代潮流。随着社会化大生产在世界范围广泛展开,世界各国经济日益融合,全球供应链、产业链、价值链紧密联系,生产要素全球流动,各国日益形成利益共同体、责任共同体、命运共同体,世界经济已经连接成一片大海。

想人为切断各国经济的资金流、技术流、产品流、产业流、人员流,让世界经济的大海退回到一个一个孤立的小湖泊、小河流,不可能,也做不到,因为不符合历史潮流。

2018年11月5日至10日,首届中国国际进口博览会在上海惊艳亮相。全球172个国家、地区和国际组织参会,

3600多家企业参展,展览总面积达30万平方米,超过40万名境内外采购商到会洽谈采购。作为迄今为止世界上第一个以进口为主题的国家级展会,进博会已成功举办三届,展览面积逐年扩大,成交额不断提升,国际影响日益凸显。

在世界银行发布的《2020营商环境报告》中,中国位列第31位,两年内提升了47位,成为营商环境改善最为显著的主要经济体。2020年,面对全球新冠肺炎疫情持续蔓延,我国实际使用外资仍高达9999.8亿元人民币,同比增长6.2%。这充分说明中国开放的大门不会关闭,只会越开越大,中国将以实际行动推动建设开放型世界经济。

共 享

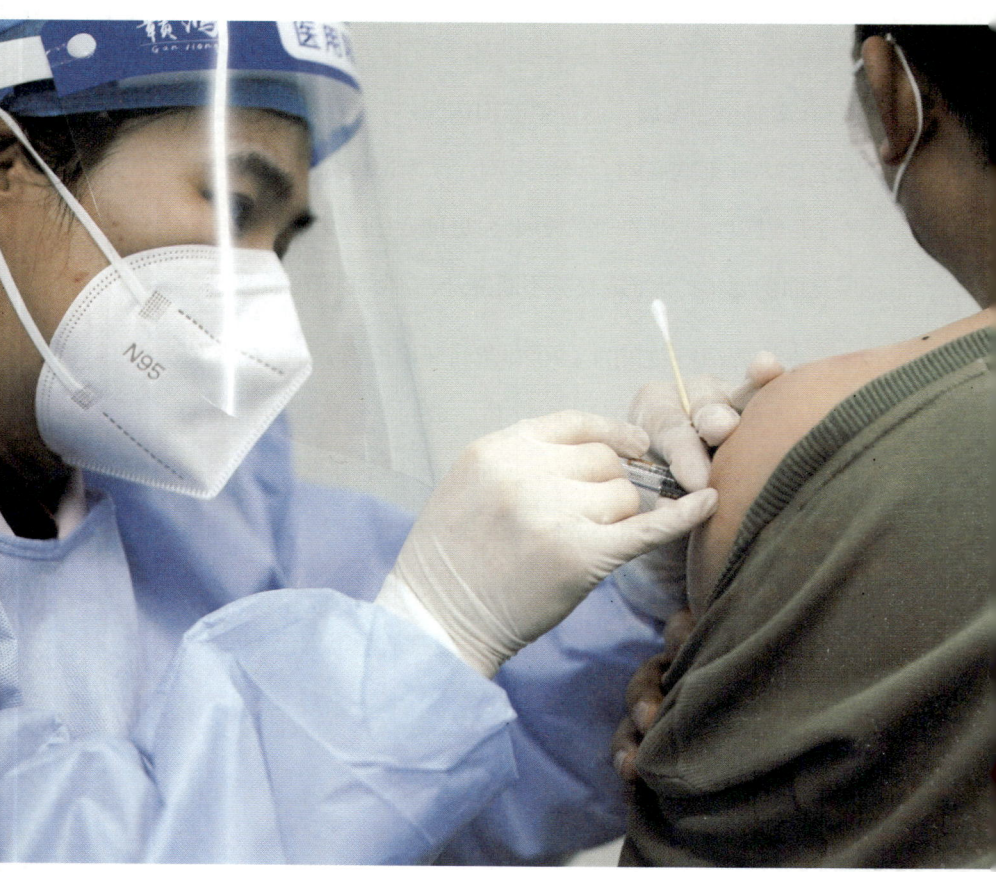

※ 2021年2月20日，在北京市大兴区一处疫苗接种点，医护人员为接种人员接种新冠疫苗

明确为什么人、靠什么人，是一切发展的前提。新发展理念中，坚持共享发展，就是要坚持发展为了人民、发展依靠人民、发展成果由人民共享，把人民拥护不拥护、赞成不赞成、高兴不高兴、答应不答应作为衡量一切工作得失的根本标准。

2020年以来，我国遭遇了新冠病毒的直接冲击。疫苗接种是控制传染病大流行的最有力武器，为维护人民的生命安全和身体健康，我国全面有序地推进高传播人群、高危人群和普通人群的新冠疫苗接种工作，并实施全民免费接种。通过有序开展接种，符合条件的群众都能实现"应接尽接"，从而构建起免疫屏障，阻断新冠病毒在国内的传播，这是实现共享发展的有力例证。

03 事说
发力实体，开拓新局

深冬的东北老工业基地辽宁，滴水成冰。一家家工厂里，却是一片热火朝天的生产场面。"我们改变设备交易的一锤子买卖，采取以租代卖，按使用时长计费等方式，受到客户欢迎。"沈阳机床集团党委副书记李文华说，商业模式的调整，帮助 i5 智能机床快速打开市场，目前订单已超过 1.8 万台。曾经，以制造业闻名于世的辽宁被印上了"粗"和"笨"的标签。如今，辽宁正加快推动装备制造业向智能化、高端化转型，带动传统产业悄然嬗变。

早春的三湘大地，生机勃勃。湖南旗帜鲜明提出大力实施"三高四新"战略，打造"三个高地"、践行"四新"

使命，为构建新发展格局贡献力量。一是找准切入点，打造国家重要先进制造业高地，做强做大优势产业，壮大新兴产业，培育未来产业，构建各类企业集聚集合的产业生态。二是抢占战略制高点，打造具有核心竞争力的科技创新高地，推动产业链从中低端向中高端发展、人才从高原向高峰攀登、产业从基地向高地迈进。三是把准工作着力点，打造内陆地区改革开放高地，推动有效市场和有为政府更好结合，营造市场化、法治化、国际化的营商环境。

党的十九届五中全会指出，"十四五"时期经济社会发展要以推动高质量发展为主题，必须把发展质量问题摆在更为突出的位置，着力提升发展质量和效益。高质量发展，就是能够很好满足人民日益增长的美好生活需要的发展，是体现新发展理念的发展，是创新成为第一动力、协调成为内生特点、绿色成为普遍形态、开放成为必由之路、共享成为根本目的的发展。

我国拥有全球最完整、规模最大的现代工业体系，是全世界唯一拥有联合国产业分类中全部工业门类的国家，500余种主要工业产品中有220多种产量位居世界第一。

雄厚的物质基础、丰富的人力资本、广阔的市场空间、巨大的发展潜力和显著的制度优势,是当前和今后一个时期我国实现高质量发展、构建新发展格局的坚实保障。

实体经济是建设现代化经济体系的坚实基础。习近平总书记反复强调,要坚持把发展经济着力点放在实体经济上,坚定不移建设制造强国、质量强国、网络强国、数字中国,推进产业基础高级化、产业链现代化,提高经济质量效益和核心竞争力。

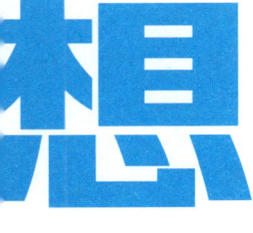

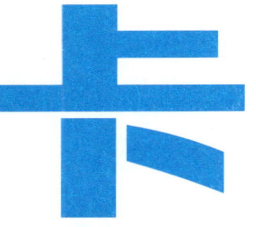

习近平总书记强调:"我国仍处于并将长期处于社会主义初级阶段,我国仍然是世界上最大的发展中国家,发展仍然是我们党执政兴国的第一要务。必须强调的是,新时代新阶段的发展必须贯彻新发展理念,必须是高质量发展。"

党的十八大以来,在以人民为中心的发展思想指导下,党中央不断加强和完善财经工作领导体制机制,推动经济发展工作取得显著成效。党中央每个季度都要分析研究经济形势,并定期研究部署重大战略问题,这一机制对推动我国经济健康可持续发展起到了重要指导作用。

新发展理念集中反映了我们党

对经济社会发展规律认识的深化,是我国发展理论的又一次重大创新。改革开放40多年来,我们党总是根据形势和任务的变化,适时提出相应的发展理念和战略,引领和指导发展实践。从"以经济建设为中心""发展是硬道理",到"发展是党执政兴国的第一要务",从"坚持科学发展""全面协调可持续发展",到坚持"五位一体"总体布局,每一次发展理念、发展思路的创新和完善,都推动实现了发展的新跨越。

党的十八大以来,我国坚定不移贯彻新发展理念,经济社会发展站上新的起点,持续实现新的跃升。"十四五"时期,中国进入新发展阶段,在新发展理念引领下构建新发展格局,这是由我国经济社会发展的理论逻辑、历史逻辑、现实逻辑决定的。

新理念引领新发展,新格局彰显新优势。构建以国内大循环为主体、国内国际双循环相互促进的新发展格局,是对我国客观经济规律和发展趋势的自觉把握,是适应我国发展新阶段要求、塑造国际合作和竞争新优势的必然选择。以国内大循环为主体，绝不是关起门来封闭运行，而是通过发挥内需潜力，使国内市场和国际市场更好联通，更好利用国际国内两个市场、两种资源，实现更加强劲可持续的发展。

实现民主有多种方式，不可能千篇一律。一个国家民主不民主，要由这个国家的人民来评判，而不能由少数人说了算！

——2021年7月6日，习近平在中国共产党与世界政党领导人峰会上的讲话

习近平总书记曾经讲过一个著名的"驴马理论"。

马比驴跑得快，一比较，发现马蹄比驴蹄长得好，于是把驴身上的蹄换作马的蹄，结果驴跑得反而更慢。

接着再比较，又发现马腿比驴腿长得好，于是把驴身上的腿也换作马的腿，结果驴反而不能跑了。

接下来，以此类推，换了身体、换了内脏，最后整个的驴换成了整个的马，才达到了跑得快的目的。

马蹄、马腿再好，强行移植到驴身上也只能起到反效果；政治制度的"飞来峰"再好，照搬照抄只会导致水土不服。

第六章
不能照搬政治制度的"飞来峰"

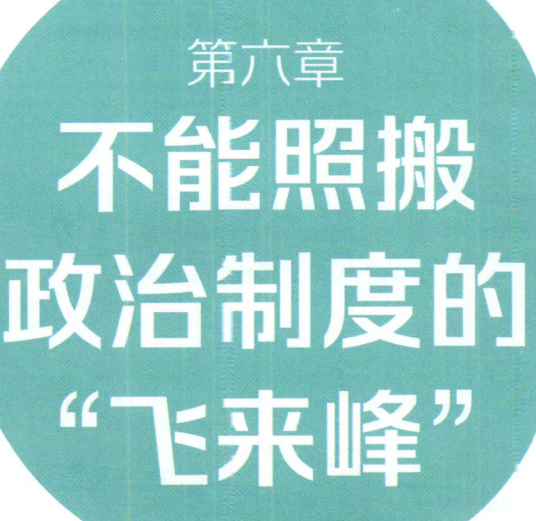

事说
你是否看到了一只鸡

2021年1月,"你是否看到了一只鸡"话题爆火,登上了微博热搜,讲的是电影学家克拉考尔在他的一本书《电影的本性》中分享的一个小故事。有位导演拍了一段短片,内容为各种城市风光,他将这个视频放给非洲土著们看,原以为他们会对从未见过的繁华城市感到新奇,但出乎意料的是,看完后大家热烈讨论的竟然是一只鸡。可导演本人却压根没注意到短片中哪里出现了一只鸡,之后一帧一帧仔细查看才发现这只鸡出现在一个角落里,并且出现的总时长不足1秒。

为什么非洲土著们单单关注那只鸡呢?因为对于非洲

土著们而言，只有这只鸡才是他们生活中所熟悉的，在这只熟悉的鸡面前，其他的都被虚化成了背景。基于文化背景、知识结构、人生经历的不同，看同一本书、对待同一件事情，一千个人有一千个哈姆雷特，不同的人关注点不一样，也就是我们通常说的三观、性格不一样，基于此，适合每个人的职业和人生发展道路也不一样。

对于国家而言也是如此，每个国家有各自不同的历史文化传统、有独特的社会经济结构，选择举什么样的旗、走什么样的路，只能由本国的实际情况决定，只能由本国人民来评判。如果罔顾客观事实、不加思考，一味试图将所谓"普世价值"、唯一道路强加给其他国家，不仅会面临"你是否看到了一只鸡"的尴尬，而且必定会被历史和现实所"打脸"。发展道路从来没有统一的标准、固定的模式，经过实践探索与检验，符合本国国情和传统的道路才是最好的。

02 数说

道路决定命运

在 2012 年到 2020 年这个时间跨度内，欧美等国的社会经济发展都呈现疲态，步入低迷时期，大部分国家的经济发展速度减缓，还有一些国家的 GDP 甚至呈现出负增长。在这种世界大环境下，进入新时代以来的中国仍然实现了社会经济的快速发展，GDP 增长率冠居全球，当前已经成为世界经济增长的主要稳定器和动力源。

改革开放以来，中国经济总量陆续赶超六大工业国。1995 年 GDP 总量超越加拿大，跃居全球第七；2000 年超越意大利，2005 年超越法国，升至第五；2006 年及 2007 年分别超过英国与德国；2010 年超越日本，正式成为世界第二大经济体。

2012—2020 年部分国家 GDP 增长情况一览

国家	2012年GDP（美元）	2020年GDP（美元）	8年间的增长倍数
中国	8.54万亿	14.72万亿	0.724
印度	1.83万亿	2.71万亿	0.481
美国	16.20万亿	20.93万亿	0.292
德国	3.53万亿	3.80万亿	0.076
英国	2.70万亿	2.71万亿	0.004
法国	2.69万亿	2.60万亿	-0.033
意大利	2.09万亿	1.88万亿	-0.100
加拿大	1.83万亿	1.64万亿	-0.104
日本	6.27万亿	5.05万亿	-0.195
俄罗斯	2.19万亿	1.47万亿	-0.329
巴西	2.46万亿	1.43万亿	-0.419

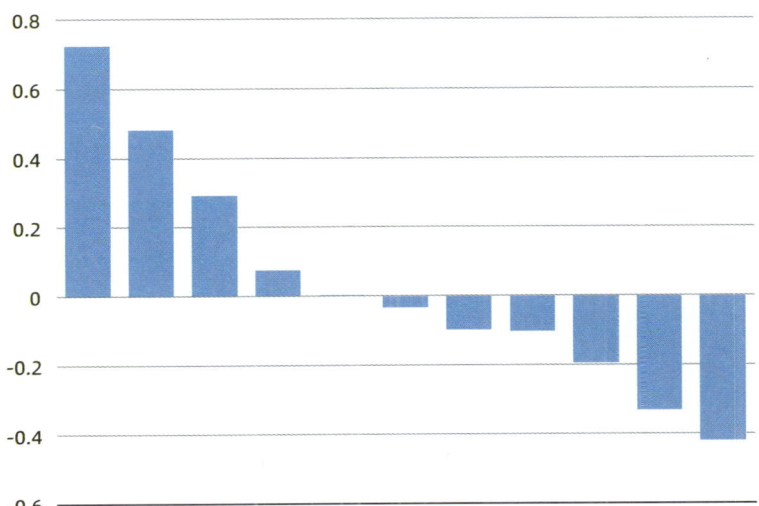

冷战结束后，主要发达国家与美国的经济实力差距都在进一步拉大。20世纪90年代中期，日本GDP是美国的2/3，德国GDP是美国的1/3，经过20多年的发展，日本目前不到美国的1/4，德国不到美国的1/5。而中国则不断缩小与美国的实力差距，从20世纪90年代中期约是美国的1/10发展到目前是美国的2/3强。

对于未来的发展潜力，习近平总书记在2018年底召开的中央经济工作会议上掷地有声地指出："我国发展仍处于并将长期处于重要战略机遇期。"国外许多学者对此也呈一致看法，英国剑桥大学亚洲研究学者雅克思曾表示："中国的经济发展前景至少在中长期内，仍然是值得乐观的……可以确定在将来中国会在带动全球经济增长方面发挥更大的作用。"

我们经常讲到一句话:"经济基础决定上层建筑,上层建筑反作用于经济基础。"新时代中国社会经济发展所取得的成绩,离不开中国特色社会主义政治制度的保驾护航。中国特色社会主义政治制度的优越性集中体现在其实现了党的领导、人民当家作主和依法治国的有机统一。

这一政治发展道路,是历史和人民的选择,是马克思主义基本原理与中国具体实际相结合的产物,是被实践证明符合中国国情、保证人民当家作主的正确道路。

事说
党的领导决胜疫情大考

截至 2021 年 4 月底，全球有 16 个国家新冠肺炎累计确诊病例超过 200 万例，92 个国家累计确诊病例超过 10 万例，而中国同一时间的数字是 9 万例（不含港澳台），且连续多日无新增本土确诊病例，疫情得到了较好的控制。面对这场突如其来的疫情大考，各国纷纷交出了自己的答卷，中国作为最早迎战疫情而进行"闭卷考"的国家，一个月初步遏制疫情蔓延势头，两个月将本土每日新增病例控制在个位数以内，其成绩无疑是优秀的。重大危机往往是考验一个国家政治制度效能的试金石，"中国答卷"有力地说明中国特色社会主义政治制度的优越性，而党的领导是我们得以写好这份"中国答卷"的坚强保证。

疫情之初，党中央就果敢决策，以非常之举应对非常之事，习近平总书记亲自指挥和部署、精准施策，从疫情暴发到武汉解封，三个月时间，习近平总书记先后发表20次重要讲话。抗疫战斗中，党始终总揽全局、协调各方，党中央成立了疫情工作领导小组，派出中央指导组，建立了国务院联防联控机制，持续召开例会跟踪分析研判疫情形势，统筹医务人员和医疗物资调度，明确防控策略和重点工作，建立全国疫情信息发布机制，实事求是发布疫情信息，疫情稳定后又加强复工复产统筹指导和协调服务。疫情战斗中，广大党员冲锋在第一线，鲜红的党旗在疫情防控第一线高高飘扬。据统计，全国共有3900多万名党员干部战斗在疫情防控第一线，460多万个基层党组织满负荷运转，1300多万名党员作为志愿者参与防控工作，近400名党员干部的生命永远定格在了疫情防控第一线。

哈萨克斯坦议会下院议长尼格马图林表示："中国在短时间内克服重重困难，取得（疫情防控）阶段性胜利，充分说明了中国共产党强大的组织力、号召力和影响力，体现了中国巨大的政治制度优势，这是战胜疫情的根本保证。"

04 图说
人民当家作主落到实处

"安泰之死"是一个著名的希腊神话故事。传说安泰俄斯是一位力大无穷的巨人,只要他身不离地,就能从大地母亲那里获得无穷的力量,所向披靡。但是只要他身一离地,就会立刻失去力量,萎靡不振。有一位叫赫拉克勒斯的巨人在无意之间发现了安泰的这个秘密,于是在两人的搏斗中,赫拉克勒斯高高地举起了安泰,失去力量的安泰最终被赫拉克勒斯轻而易举地杀死了。这个故事告诉我们:任何强大的力量,如果离开了后盾和支撑,都会逐渐衰竭,变得不堪一击,而人民就是我们党的事业薪火相传、中国特色社会主义得以永续发展的力量来源。

※ 2021年3月5日，第十三届全国人民代表大会第四次会议在北京人民大会堂开幕

  我们的人民当家作主制度建设是确保"一切始终站在人民大众立场上，一切为了人民，一切相信人民，一切依靠人民，诚心诚意为人民谋利益"的有力保证。"金豆豆，银豆豆，豆豆不能随便投。选好人，办好事，投在好人碗里头。"这首质朴的歌谣，唱的是抗战时期陕甘宁边区民

主选举的生动场景，一粒粒小小的豆子，承载着人民当家作主的希望。

新中国成立后，我们确立工人阶级领导的、以工农联盟为基础的人民民主专政的国体，实行人民代表大会制度的政体，实行中国共产党领导的多党合作和政治协商制度、民族区域自治制度以及基层群众自治制度，走出一条具有鲜明中国特色的政治发展道路，从制度上保障了亿万人民始终是国家和社会的主人。

每年3月，从白山黑水到天涯海角，从东海之滨到帕米尔高原，来自天南海北的全国人大代表齐聚北京人民大会堂，代表人民的利益和意志，参加行使国家权力，这已经成为我国政治生活中的一道亮丽风景线。

从历届全国人大代表的组成可以看出，人大代表来自五湖四海，涵盖各行各业、各个民族。特别是十三届全国人大代表中，一线工人、农民、专业技术人员代表所占比例明显提升，凸显了人大代表的广泛性，反映了人民群众政治参与的广泛性。

建言"十四五"
共绘新蓝图

辉煌"十三五"收官在即,壮阔"十四五"又将启航。"十四五"时期是我国全面建成小康社会、实现第一个百年奋斗目标之后,乘势而上开启全面建设社会主义现代化国家新征程、向第二个百年奋斗目标进军的第一个五年。做好"十四五"规划编制工作意义重大。同时,五年规划编制涉及经济社会发展方方面面,同人民群众生产生活息息相关。为开门问策、集思广益,把加强顶层设计和坚持问计于民统一起来,现开展"十四五"规划编制工作网上意见征求活动,热忱欢迎社会各界提供宝贵意见建议,供中央决策参考。让我们一起齐心协力,把社会期盼、群众智慧、专家意见、基层经验充分吸收到"十四五"规划编制中来,为全面建设社会主义现代化国家开好局、起好步!

请选择建言主题

党的建设	民主法治	社会治理	经济发展	全面深化改革
对外开放	乡村振兴	生态环境	科技创新	文化艺术
国民教育	医疗卫生	就业创业	居民收入	社会保障
大国外交	国防军队	民族宗教	港澳台	全面小康
住房保障	消费升级	收入分配		

※ "十四五"规划承前启后,通过多平台网上征求意见,邀请全民参与

没有民主就没有社会主义，人民民主是社会主义的生命，社会主义愈发展，民主也愈发展，具体地、生动地体现在人民当家作主的全过程各环节。我国人民依法实行民主选举、民主协商、民主决策、民主管理、民主监督，这五个环节扩大了人民有序政治参与，集中反映了全过程民主的具体形式。

为了编制"十四五"规划，习近平总书记亲自主持召开企业家、经济社会领域专家、科学家、基层代表、党外人士等七场座谈会，发扬民主、开门问策，当面听取各方面意见和建议。2021年1月1日起实施的《中华人民共和国民法典》，正是在广泛征求人大代表、地方人大、基层立法联系点、中央有关部门和社会公众意见的基础上完成的。据有关部门统计，民法典草案先后10次公开征求意见，征集各方面意见100余万条，是通过民主协商推进立法的典范。

社会主义民主是一种新型的民主，是人类历史上第一次为群众、为劳动者服务的民主。如果将"人民当家作主"这句话补全，那么应该是"人民当家作主为人民"。所以人民性不仅仅体现在刚性的人民当家作主制度安排上，同时也沁润于我们党一切为了人民的执政理念之中。

05 画说
奉法者强则国强

"奉法者强则国强,奉法者弱则国弱。"中国历史上,凡属盛世都是法治相对健全的时期。春秋战国,法家主张"以法而治",偏处西戎的秦国践而行之,商鞅"徙木为信",强调"法必明、令必行",使秦国迅速跻身强国之列,最终促成了秦始皇统一六国。汉高祖刘邦同关中百姓"约法三章",为其一统天下发挥了重要作用。汉武帝时形成的汉律60篇,两汉沿用近400年。唐太宗以奉法为治国之重,一部《贞观律》成就了"贞观之治";在《贞观律》基础上修订而成的《唐律疏议》,为大唐盛世奠定了法律基石。

历史充分证明,依法治理是最可靠、最稳定的治理。什么时候重视法治、法治昌明,什么时候就国泰民安;什么时候忽视法治、法治松弛,什么时候就国乱民怨。

改革开放以来,我们党深刻总结法治建设正反两方面的经验教训,最终走出了一条中国特色社会主义法治道路,把依法治国确定为党领导人民治理国家的基本方略。进入新时代,我们党明确提出全面依法治国,并将其纳入"四个全面"战略布局予以有力推进。全面依法治国是解决党和国家事业发展面临的重大问题,促进社会公平正义,确保党和国家长治久安的根本要求,总目标是建设中国特色社会主义法治体系、建设社会主义法治国家。

党的十八大以来,国家安全法、国歌法、退役军人保障法等一大批法律相继落地,中国特色社会主义法治体系日益完善。2020年5月28日,凝聚了几代人期盼的《中华人民共和国民法典》由十三届全国人大三次会议表决通过。"C位出场"的民法典,作为新中国成立以来第一部以"法典"命名的法律,被誉为"社会生活的百科全书""新时代人民权利的'宣言书'",是推进全面依法治国的重大标志性成果。

全面依法治国重在"全面"二字,是一个系统工程,要求通过固根基、扬优势、补短板、强弱项,推动各方面制度更加成熟、更加定型,逐步实现国家治理制度化、程序化、规范化、法治化。全面依法治国是坚持和发展中国特色社会主义的本质要求和重要保障,事关我们党执政兴国,事关人民幸福安康,事关党和国家事业发展。习近平总书记明确指出,全面依法治国是国家治理领域一场广泛而深刻的革命。

习近平总书记指出:"'鞋子合不合脚,自己穿了才知道,'一个国家的发展道路合不合适 只有这个国家的人民才最有发言权。"

鞋子合脚与否的重要性我们都知道,鞋子小了挤得紧,鞋子大了穿不住,只有一双合适的鞋子才能舒舒服服地穿着行稳致远。但鞋子是否合脚,只有穿的人最清楚,别人说三道四,不仅说不准也不礼貌。习近平总书记在国际交往场合引用这句俗语,其意味不言自明:就是要告诉全世界,中国坚持和发展中国特色社会主义,这条路好不好只有中国人民有权力评判。同时也是号召全国人民要更加自觉地增强道路自信、理论自信、制度自信、文化自信，保持政治定力，坚持实干兴邦，始终坚持和发展中国特色社会主义。

20世纪80年代末90年代初，随着东欧剧变和苏联解体，社会主义发展一度陷入低潮。一时间，国际社会谣言四起。有人断言共产主义终将消亡；政治学家福山提出"历史终结论"，认为西式民主将一统天下；美籍华人律师章家敦在《中国即将崩溃》一书中甚至对中国"崩溃"的时间点都作出了界定，指出"会在2008年北京奥运会之前，而不是之后"。时至今日，2008年北京奥运会已经过去十三年了，中国特色社会主义的旗帜仍高扬在东方，福山也改口称所谓"历史终结论"有待进一步推敲和完善；时至今日，全世界的资本主义都处在低迷之中，马斯克甚至放言资本主义已经到了穷途末路，而中国特色社会主义道路、理论、制度、文化的感召力，被越来越多的西方朋友感受到了，这些友好的西方朋友被网友们戏称为"海外党支部入党积极分子"。

由于历史文化传统、社会经济结构的差异，各国社会发展道路各异,但是各种社会发展道路和模式之间并没有优劣之分,而只有合适与否,合适与否取决于我们的人民,取决于人民的物质和精神生活水平有没有提高,人们的获得感、幸福感、安全感有没有增强。我们不纠结别人的评说,只专注用行动检验。铁一般的事实证明,中国特色社会主义不是西方资本主义的"洋鞋",不是生搬硬套的"套鞋",而是地地道道的"北京布鞋";中国特色社会主义道路不是改旗易帜的邪路,不是封闭僵化的老路,而是前途无量的光明大道。

历史没有终结,中国特色社会主义道路越走越宽广,世界上正视和相信马克思主义与社会主义的人越来越多,中国特色社会主义成为振兴世界社会主义的中流砥柱,中国道路为广大发展中国家走向现代化提供了新的路径选择。中国人民将在自己选择的道路上昂首阔步走下去,把中国发展进步的命运牢牢掌握在自己手中!

一个国家、一个民族不能没有灵魂。文化文艺工作、哲学社会科学工作就属于培根铸魂的工作。

——2019 年 3 月 4 日，习近平在全国政协十三届二次会议文化艺术界、社会科学界委员联组会上的讲话

文化是一个国家、一个民族的灵魂。

文化自信，是更基础、更广泛、更深厚的自信，是更基本、更深层、更持久的力量。

在 5000 多年文明发展中孕育的中华优秀传统文化，在党和人民伟大斗争中孕育的革命文化和社会主义先进文化，积淀着中华民族最深层的精神追求，代表着中华民族独特的精神标识。

一个民族的复兴需要强大的物质力量，也需要强大的精神力量。没有先进文化的积极引领，没有人民精神世界的极大丰富，没有民族精神力量的不断增强，一个国家、一个民族不可能屹立于世界民族之林。

没有社会主义文化繁荣发展，就没有社会主义现代化；没有中华文化繁荣兴盛，就没有中华民族伟大复兴。

第七章 繁荣社会主义文化

数说

文化发展精彩纷呈

🏛 公共文化

★"十三五"期间,我国的公共文化设施网络日益完善,公共图书馆、文化馆(站)、博物馆、美术馆等公共文化设施继续免费开放,县级文化馆、图书馆总分馆制建设扎实推进。截至2020年末,共建成基层综合性文化服务中心**57.5万**个,覆盖率超过**97%**。

57.5万个 **97%**

✈ 旅游产业

★2019年全年国内旅游人数达**60.06亿**人次,比上年同期增长**8.4%**。2020年末,我国已有5A级旅游景区**302**个、国家级旅游度假区**45**个、全国乡村旅游重点村**1680**个、全国红色旅游经典景区**300**处。文旅融合熔铸出越来越多具有历史文化底蕴的风景。

60.06亿人次
📈**8.4%**

🏮 文化保护

★2019年7月,实证中华5000多年文明史的良渚古城遗址列入《世界遗产名录》。截至2020年,中国已有**55**项世界遗产,**42**个项目列入联合国教科文组织非遗名录(名册),居世界前列。"十三五"以来,有关部门支持各地设立各级非遗扶贫就业工坊超过**2000**家,带动数十万人就业增收。

55项　**42**个

🎵 文艺事业

★ 根据对全国400家重点统计艺术院团统计,2019年共创排艺术作品816部,其中新创523部,复排228部,移植改编65部。2019年全年全国艺术表演团体共演出296.80万场,比上年降低5.0%,其中赴农村演出171.27万场,赴农村演出场次占总演出场次的57.7%;国内观众12.30亿人次,比上年增加4.6%,其中农村观众7.68亿人次;演出收入127.77亿元,降低16.1%。

400家   **816**部

📖 文化生活

★ 2020年中国数字阅读产业规模达351.6亿元,增长率达21.8%;数字阅读用户规模达4.94亿,增长率达5.56%,人均电子书阅读量9.1本,人均有声书阅读量6.3本。与此同时,人均纸质书阅读量6.2本,同比减少2.6本。数字阅读习惯的养成,让越来越多用户更愿意为优质内容付费。2020年,电子阅读付费用户中的26.8%每月平均花费100元及以上。

351.6亿元   📈**21.8%**

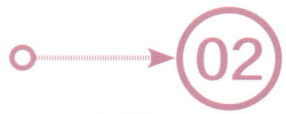

图说
讲好中国故事,培育时代新人

※ 2019年6月30日,庆祝中华人民共和国成立70周年电影展在埃及开幕,观众观看展映影片《流浪地球》

文化兴国运兴，文化强民族强。在复杂的国际背景下，我们必须积极主动地讲好中国故事，传播好中国声音，向世界展现一个真实的中国、立体的中国、全面的中国。讲好中国故事，最精彩的主题是讲清楚中国共产党为什么"能"、马克思主义为什么"行"、中国特色社会主义为什么"好"。

文艺是时代前进的号角，最能代表一个时代的风貌，最能引领一个时代的风气。2019年春节档上映的科幻电影《流浪地球》，为如何在世界舞台上讲好中国故事作出了一个成功示范。影片在主题立意上实现创新，在硬科幻中融入了中国人柔软的情感以及勇于牺牲自我的精神，将家国情怀和人类命运共同体理念形象地传递给世界观众，成功传播了当代中国的价值观念和解决全球性问题的"中国方案"。

※ 2020年11月,《大地颂歌》首次进京演出

  2020年下半年,一部全面反映湖南精准扶贫非凡历程的大型史诗歌舞剧《大地颂歌》,以真实生动的故事、真挚深厚的情感、新颖动人的表达,引发了"大地颂歌热"。该剧及时回应时代课题,以十八洞村为点,以湖南为面,

运用集成式、创新式舞台形式,打破常规艺术表现手法,将歌、舞、音乐剧等有机融合,讲述了新时代的奋斗史诗,唱响了精准扶贫的时代强音。

青年兴则国兴，青年强则国强。习近平总书记指出，国家的希望在青年，民族的未来在青年。人民有信仰，国家有力量，民族有希望。实现中华民族伟大复兴的中国梦，需要千千万万堪当大任的时代新人。培育和践行社会主义核心价值观，要以培养担当民族复兴大任的时代新人为着眼点。

从2014年起，江苏省在全国率先推出并实施了"八礼四仪"养成教育，引导全省1700万未成年人讲文明、学礼仪。"八礼四仪"落地过程中，各地各学校开展了各具特色的主题教育实践活动，理念上注重养成性、形式上注重趣味性、内容上注重基础性、过程上注重连续性、践行上注重实效性，呈现出新招实招迭出、未成年人广泛参与的良好态势。

※ 2021年2月23日，百岁新四军老战士顾海楼通过视频寄语青少年代表

※ 江苏镇江的小学生在"小小啄木鸟看环保"活动中清扫道路

  2014年，在教育部的指导下，上海开启"课程思政"教育教学改革试点工作。经过6年多的探索，上海深入发掘各类课程的思想政治教育资源，创造性地从战略高度构建思想政治教育课程体系。2021年，结合党史学习教育，上海组织一批包括新四军老战士在内的老干部、老战士、老专家、老教师、老模范走进校园，以"校外辅导员"的方式，参与大学和中小学的思想政治教育，教育引导青少年始终听党的话、永远跟党走。

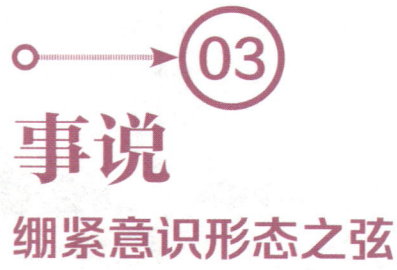

事说
绷紧意识形态之弦

意识形态工作是党的一项极端重要的工作,关乎旗帜、关乎道路、关乎国家政治安全,要旗帜鲜明地反对历史虚无主义,反对抹黑诋毁英雄、歪曲党史国史军史的违纪违法行为。

2013年11月,《炎黄春秋》杂志刊发洪振快撰写的《"狼牙山五壮士"的细节分歧》一文,通过援引不同来源、内容、时期的报刊资料等,质疑"狼牙山五壮士"事迹中的细节。

文章发表后,引发社会广泛关注和舆论严肃批评。"狼牙山五壮士"中的葛振林之子葛长生、宋学义之子宋福保认为,该文以历史考据、学术研究为幌子,以细节否定英雄,企图达到抹黑"狼牙山五壮士"英雄形象和名誉的目的。据此,葛长生、宋福保向人民法院提起诉讼,请求判令洪振快停止侵权、公开道歉、消除影响。

法院经审理认为,1941年9月25日,在易县发生的狼牙山战斗,是被大量事实证明的著名战斗。在这场战斗中,"狼牙山五壮士"英勇抗敌的基本事实和舍生取义的伟大精神,赢得了全国人民高度认同和广泛赞扬,是"五壮士"获得"狼牙山五壮士"崇高名誉和荣誉的基础。

"狼牙山五壮士"的英雄称号,是国家及公众对他们在反抗侵略、保家卫国斗争中作出巨大牺牲的褒奖,也是他们应当获得的个人名誉和荣誉。和平年代,"狼牙山五壮士"的精神,仍然是我国公众树立不畏艰辛、不怕困难、为国为民奋斗终生信念的精神指引。

洪振快发表的文章虽无明显侮辱性的语言,但其采取的行为方式却是通过强调与基本事实无关或者关联不大的细节,甚至与网民张某对"狼牙山五壮士"的污蔑性谣言相呼应,质疑"五壮士"英勇抗敌、舍生取义的基本事实,颠覆"五壮士"的英勇形象，贬损、降低"五壮士"的人格评价，引导读者对这一英雄人物群体英勇抗敌事迹和舍生取义精神产生怀疑，从而否定基本事实的真实性，进而损害他们的英勇形象，否定他们的精神价值。这种"学术研究""言论自由"不可避免地会侵害"五壮士"的名誉和荣誉，以及融入了这种名誉、荣誉的社会公共利益。

最终法院一审判决：洪振快立即停止侵害行为；公开发布赔礼道歉公告，向原告赔礼道歉，消除影响。一审败诉后，洪振快提起上诉，二审判决驳回上诉，维持原判。

此案与侮辱革命烈士邱少云一案，均被最高人民法院列为保护英雄人物人格权益的典型案例，鲜明体现了我们对历史虚无主义言论的高度警惕和坚决反对，提示我们要时刻绷紧意识形态这根弦。

习近平总书记强调:"历史和现实都表明,一个抛弃了或者背叛了自己历史文化的民族,不仅不可能发展起来,而且很可能上演一幕幕历史悲剧。"文化自信是一个民族、一个国家、一个政党对自身文化理想、文化价值的高度信心,对自身文化生命力、创造力的高度信心。

一个政权的瓦解往往是从思想领域开始的,政治动荡、政权更迭可能在一夜之间发生,但思想演化是个长期过程。思想防线被攻破了,其他防线就很难守住。我们必须把意识形态工作的领导权、管理权、话语权牢牢掌握在手中,任何时候都不能旁落,否则就要犯无可挽回的历史性错误。

中国特色社会主义文化源自中华民族5000多年文明历史所孕育的中华优秀传统文化，熔铸于党领导人民在革命、建设、改革中创造的革命文化和社会主义先进文化，植根于中国特色社会主义伟大实践。

在漫长的历史进程中，中华民族不断追求道德境界的提升，孕育了中华民族的宝贵精神品格，培育了中国人民的崇高价值追求。这是中华民族在文明长河中绵延不绝、不断发展的精神力量。中国共产党领导人民在革命、建设和改革历史进程中，坚持马克思主义对人类美好社会的理想，继承发扬中华传统美德，形成了引领中国社会发展进步的社会主义道德体系，为中国特色社会主义事业发展提供了强大精神动力。

中华优秀传统文化是中华民族的精神命脉。要努力从中华民族世世代代形成和积累的优秀传统文化中汲取营养和智慧，延续文化基因，萃取思想精华，展现精神魅力。要以时代精神激活中华优秀传统文化的生命力，推进中华优秀传统文化创造性转化和创新性发展，把传承和弘扬中华优秀传统文化同培育和践行社会主义核心价值观统一起来，引导人民树立和坚持正确的历史观、民族观、国家观、文化观，不断增强中华民族的归属感、认同感、尊严感、荣誉感。

民生工作直接同老百姓见面、对账,来不得半点虚假,既要积极而为,又要量力而行,承诺了的就要兑现。

——2015年7月17日,习近平在部分省区党委主要负责同志座谈会上的讲话

"民亦劳止,汔可小康;惠此中国,以绥四方。"

早在约公元前800年,《诗经》中便记载了整日农耕劳作的中华民族对"小康"的美好憧憬。但勤劳智慧的中华先民不会想到,"小康"一词从书本中走到现实用了两千多年。

新中国,新时代。人民当家作主,让"小康梦"第一次有了国家政治制度的护佑。党的十八大以来,以习近平同志为核心的党中央始终把人民群众对美好生活的向往作为奋斗目标,把增进民生福祉、促进人的全面发展作为一切工作的出发点和落脚点,使全面建成小康社会变为现实。

第八章

民生福祉"节节高"

01

数说

人民生活不断改善

🛠 就业

★ 党的十八大以来,放管服改革持续深入,大众创业、万众创新蓬勃发展,有效激发市场活力,促进新兴就业岗位不断涌现,第三产业、中小微企业和民营经济成为吸纳就业的主渠道,就业形势稳中向好。2013—2019年,我国城镇新增就业连续7年超过**1300万**人,2020年受新冠肺炎疫情冲击,城镇新增就业**1186万**人。

2013—2019年连续7年城镇新增就业超过1300万人

2020年城镇新增就业1186万人

¥ 收入

★ 2020年全国居民人均可支配收入达到**32189**元,随着收入较快增长,居民消费能力显著提升,消费结构升级趋势明显。2020年,全国居民人均消费支出为**21210**元,全国居民恩格尔系数为**30.2%**。居民家电、汽车等耐用消费品拥有量相比改革开放初期大幅增加,居住条件显著改善。党的十八大以来,城乡居民收入差距不断缩小,城乡居民人均可支配收入比值2020年已下降至**2.56**。

💰 **32189**元   💵 **21210**元   Engel **30.2%**   **2.56**

🏫 教育

★ 截至2020年,我国九年义务教育巩固率达**95.2%**;普通本专科在校学生**3285万**人,比1978年增长**37**倍;劳动年龄人口平均受教育年限达到**10.8**年;高等教育毛入学率超过50%,达到**54.4%**,实现了从大众化向普及化的历史性跨越。教育事业发展有效提升了全民族的科学文化素质,为社会主义现代化建设培养了大量人才资源。

🏫 **95.2%**   📦 **3285万**人   📈 **37**倍   **10.8**年

新时代以来,我国在民生发展方面取得巨大成就。党中央从人民群众最关心最直接最现实的利益问题入手,统筹做好就业、收入分配、教育、医疗卫生、社会保障等各领域民生工作,补短板、兜底线、出实招,中央出台的一系列举措为老百姓织密了民生福祉的保障网,人民群众的生活水平不断得到提高。

医疗卫生

★ 2020年末,全国共有医疗卫生机构**102.3万**个,卫生技术人员**1066万**人,分别比1949年末增长278倍和20.1倍。疾病防控能力明显增强,居民健康状况显著改善,居民预期寿命由新中国成立初的**35岁**提高到2020年的**77.3岁**。党的十八大以来,医疗、医保、医药事业深入发展,医疗卫生体制改革不断深化,分级诊疗制度逐步建立,全民医保体系加快健全,为人民健康撑起牢固保障网。百姓就医负担明显减轻,看病难、看病贵问题得到有效缓解,超过**80%**的居民一刻钟内能够到达最近的医疗点。

102.3万个　**1066万**人
278倍　　　　20.1倍

居民预期寿命
新中国成立初　2020年
35岁　　　　77.3岁

社会保障

★ 党的十八大以来,多层次社会保障体系加快构建,社会保障水平稳步提高。截至2020年底,全国基本养老、失业、工伤保险参保人数分别达到**9.99亿**、**2.17亿**、**2.68亿**,基本医疗保险覆盖超过**13亿**人,基本养老保险参保率超过**90%**,基本实现法定人员全覆盖。

养老　　　　失业　　　　工伤
9.99亿人　2.17亿人　2.68亿人　　13亿人
　　　　　　　　　　　　　　　　　90%

02 画说
托举民生幸福

治国有常，利民为本。民生工作离老百姓最近，同老百姓生活联系最紧密。必须抓住群众最关心最直接最现实的利益问题，抓住最需要关心的人群，在更高水平上实现幼有所育、学有所教、劳有所得、病有所医、老有所养、住有所居、弱有所扶，让人民有更多、更直接、更实在的获得感、幸福感、安全感。

人民期盼有更好的教育、更稳定的工作、更满意的收入、更可靠的社会保障、更高水平的医疗卫生服务、更舒适的居住条件、更优美的环境、更丰富的精神文化生活，期盼着孩子们能成长得更好、工作得更好、生活得更好。

社会建设要以共建共享为基本原则，在体制机制、制度政策上系统谋划，从保障和改善民生做起，坚持群众想什么、我们就干什么，既尽力而为又量力而行，多一些雪中送炭，使各项工作都做到愿望和效果相统一。

03 事说
全体人民的全面小康

建立一个安定富足的小康社会是中华民族数千年的希冀和期盼,小康一头连着中华民族的"大梦想",一头连着每个家庭、每个中国人的"小日子"。我们党用"小康"这个概念来确立发展目标,既符合我国发展实际,也容易得到最广大人民的理解和支持。

从"总体小康"到"全面小康",从"全面建设"到"全面建成",小康的标准不断提升、内涵不断拓展、要求不断提高。全面小康,覆盖的领域要全面,是"五位一体"全面进步的小康;覆盖的人口要全面,是惠及全体人民的小康;覆盖的区域要全面,是城乡区域共同的小康。

"全面小康路上,一个都不能少",这是庄严承诺,也是使命担当。党的十八大以来，以习近平同志为核心的党中央团结带领全党全国各族人民，立下愚公移山志，发扬孺子牛、拓荒牛、老黄牛精神，组织实施了人类历史上规模最大、力度最强的脱贫攻坚战，奋力实现全体人民的全面小康。

《云端上的幸福》把每个知道"悬崖村"的人，又带回到了2016年。当时媒体的一篇报道，让很多人都感到非常揪心，一个在悬崖上的村子，与外界最直接联系的方式是通过落差800米、几乎垂直的藤梯。现在"悬崖村"有了明显的变化，藤梯换钢梯，电力系统升级，货运索道投入使用，全村无缝覆盖信号、4G、Wi-Fi……

"悬崖村"所在的凉山彝族自治州是集中连片贫困地区之一，这里远远不止一个"悬崖村"，而这个被人熟知的"悬崖村"发生的变化是我们国家打赢脱贫攻坚战中的典型例子。在"悬崖村"升级的过程中，充满了各种困难，而应对这些困难也为大凉山地区打赢脱贫攻坚战提供了宝贵的经验。

"悬崖村"不只是"硬件"进行了升级，这里拥有峡谷、溶洞、温泉、原始森林等自然资源，如果可以应用起来，将会是非常好的旅游资源。在2020年1月，"悬崖村"旅游项目已经正式启动。打赢脱贫攻坚战，需结合当地情况，做到因地制宜，精准扶贫。

湖南省十八洞村是习近平总书记"精准扶贫"重要思想的首倡地，当地一直积极探索"可复制、可推广"的精准扶贫经验。2014年，十八洞村与苗汉子合作社合股，共同开发猕猴桃产业。2020年，十八洞村猕猴桃种植基地达3000亩，年产量在1000吨以上，带动225户939人成功脱贫。

以产业为依托，以乡村旅游为辅助，十八洞村实现了贫穷落后村庄的华丽变身。2017年，十八洞村实现整体脱贫。村民的人均纯收入也从2013年的1668元，提高到了2020年的18369元。如今的十八洞村一改往日贫穷落后的模样，正在全面小康和乡村振兴的道路上奋力前行。

全面建成小康社会不是终点，而是新起点，中华民族伟大复兴向前迈出了新的一大步，由此开启全面建设社会主义现代化国家新征程，奋力创造更加光辉灿烂的明天。

习近平总书记指出:"保障和改善民生没有终点,只有连续不断的新起点,要采取针对性更强、覆盖面更大、作用更直接、效果更明显的举措,实实在在帮群众解难题、为群众增福祉、让群众享公平。"

教育是民生之基,要优先发展教育事业,努力办好人民满意的教育;就业是最大的民生工程、民心工程、根基工程,要实现更充分和更高质量就业;收入分配是民生之源,要促进收入分配更合理、更有序;社会保障是普惠托底的民生问题,要建立更加公平更可持续的社会保障制度;人民健康是增进民生福祉的重要内容,要完善国民健康政策,为人民群众提供全方位全周期健康服务。

民生是人民幸福之基、社会和谐之本,增进民生福祉是我们党坚持立党为公、执政为民的本质要求。带领人民创造美好生活,是党始终不渝的奋斗目标。始终把人民利益摆在至高无上的地位,让改革发展成果更多更公平惠及全体人民,激励着我们朝着实现全体人民共同富裕目标不断迈进。

"让老百姓过上好日子是我们党一切工作的出发点和落脚点。"只要把握好尽力而为和量力而行的辩证关系,始终坚持在不脱离发展实际的前提下保障和改善民生,始终坚持通过持续的经济发展带动民生改善,一步一个脚印,不断把民生红利落到实处,让民生保障延伸到未来,老百姓的日子一定会越过越红火。

要把生态环境保护放在更加突出位置,像保护眼睛一样保护生态环境,像对待生命一样对待生态环境。

——2015年1月,习近平在云南考察工作时的讲话

生态文明建设是关系中华民族永续发展的根本大计。

《孟子》有言:"不违农时,谷不可胜食也;数罟不入洿池,鱼鳖不可胜食也;斧斤以时入山林,材木不可胜用也。"中华文明之所以绵延五千多年生生不息,与天人合一、道法自然的传统哲学智慧紧密相关。

自然是生命之母,人与自然是生命共同体,人类必须敬畏自然、尊重自然、顺应自然、保护自然。生态兴则文明兴,保护自然就是保护人类,建设生态文明就是造福人类。

第九章
人与自然和谐共生

01

数说
美丽中国新面貌

2020 年全国地表水水质类别比例

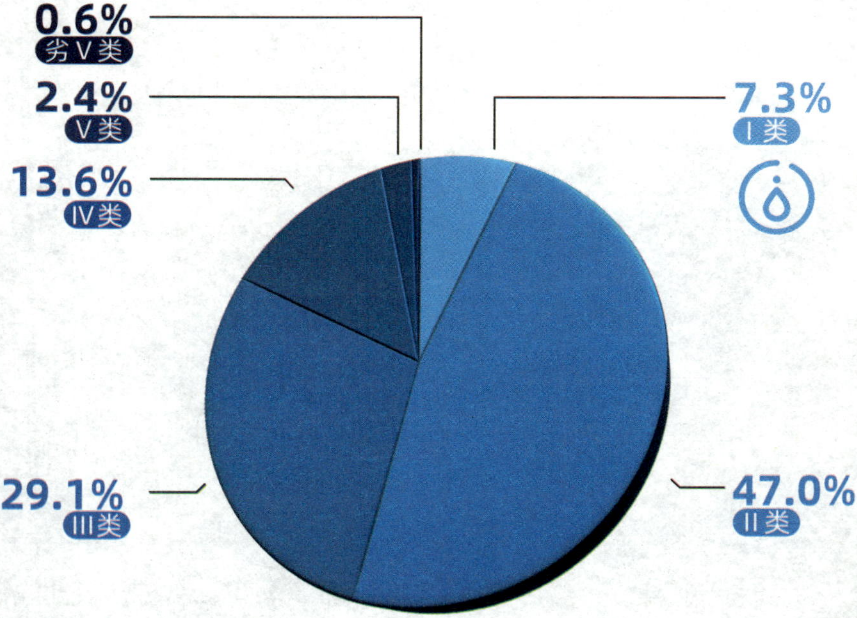

- 0.6% 劣V类
- 2.4% V类
- 13.6% IV类
- 29.1% III类
- 47.0% II类
- 7.3% I类

2020 年全国 337 个地级及以上城市空气质量各级别天数比例

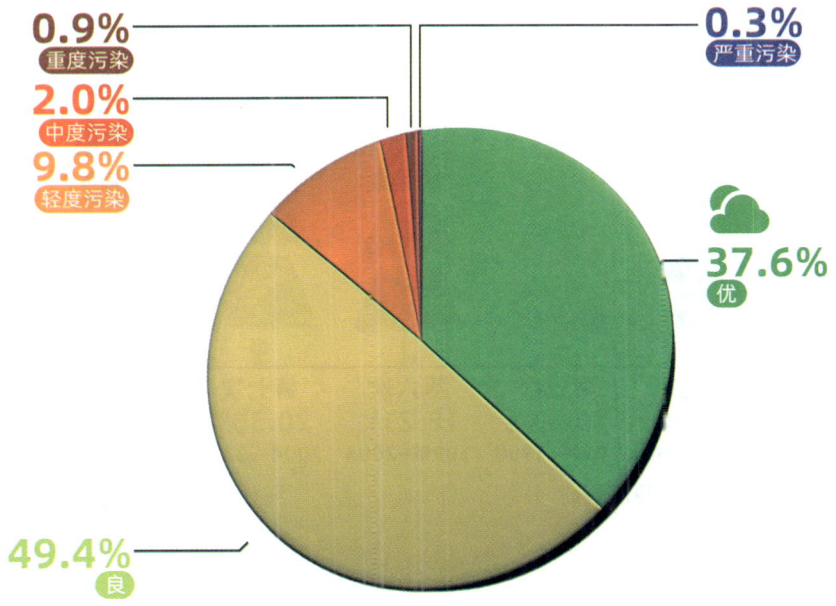

2020 年,全国 1940 个国家地表水考核断面中,水质优良(Ⅰ—Ⅲ类)断面比例达到 83.4%,同比上升 8.5 个百分点;劣Ⅴ类断面比例为 0.6%,同比下降 2.8 个百分点。全国 337 个地级及以上城市空气质量平均优良天数比例为 87.0%,同比上升 5.0 个百分点,蓝天碧水已成为百姓生活中的常态。

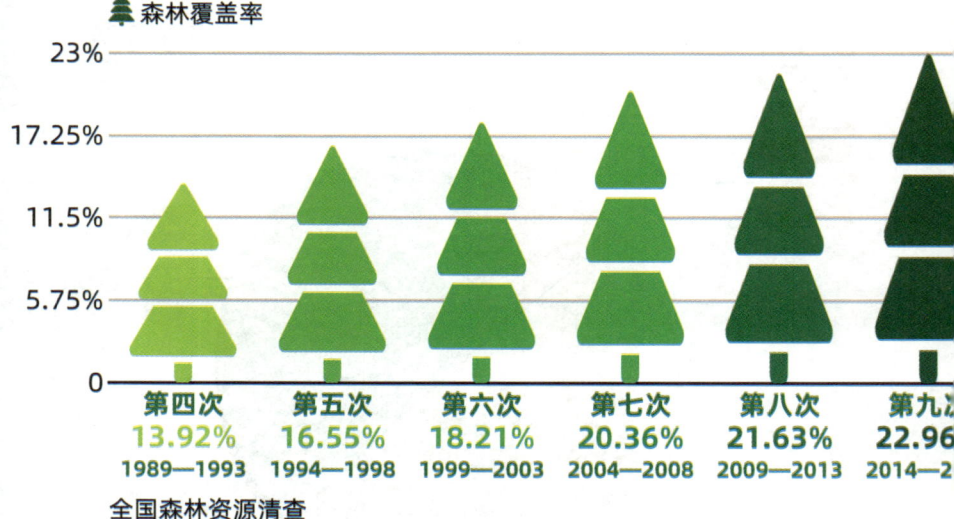

新时代以来,我国深入开展大规模国土绿化行动,全国每年造林面积都在 1 亿亩以上,森林面积和森林蓄积量连续 30 年保持"双增长",成为全球森林资源增长最多的国家。截至 2020 年,我国森林覆盖率已由 20 世纪 80 年代初的 12% 提高到 23.04%,森林

蓄积量由 90.28 亿立方米提高到 175.6 亿立方米，人工林面积位居全球第一。全国城市建成区绿化覆盖率由 10.1% 提高到 41.11%，城市人均公园绿地面积由 3.45 平方米提高到 14.80 平方米，城乡人居环境总体上实现了由黄到绿、由绿到美的转变。

中国已提前实现对外承诺的森林资源增长目标，为应对全球气候变化作出了积极贡献。在新能源发展上，中国居于世界首位，可再生能源开发利用规模稳居世界第一，2020 年中国可再生能源发电量达 2.2 万亿千瓦时。2030 年前，中国二氧化碳排放将达到峰值，力争在 2060 年前实现碳中和，到那时美丽中国的画卷将更加动人。

图说

绿水青山就是金山银山

安吉县，地处浙江西北，2003年4月，时任浙江省委书记的习近平到安吉调研生态建设工作。在听到安吉实施"生态立县"战略时，他指出，"对安吉来说，'生态立县'是找到了一条正确的发展道路"。

※ **浙江省安吉县余村20世纪80年代的照片与2018年整修一新的照片**

2005年8月,习近平再访安吉,在余村,他听到了这样的故事。20世纪70年代,村里炸山开石矿、办水泥厂,发展得很快。但与此同时,环境污染越来越严重。面对遮天蔽日的粉尘和多发的安全事故,余村人通过民主决策关停了矿山和水泥厂,探索绿色发展新模式。习近平称赞余村人这一选择是"高明之举",并首次提出"绿水青山就是金山银山"的科学论断。

余村牢记嘱托,积极践行"两山"理念,以"美丽乡村"建设为抓手,办起采摘园、民宿等产业,大力发展旅游经济,走出了一条"生态美、产业兴、百姓富"的可持续发展之路。

时隔15年,2020年3月,习近平总书记在浙江考察时又一次专程到余村调研,充分肯定美丽乡村建设在余村已经变成了现实,余村在全国起了示范作用,余村现在取得的成绩证明绿色发展的路子是对的,要坚持走下去。

※ 游客在余村"绿水青山就是金山银山"石刻前留影

※ 海南山海高速穿越生态敏感区,建设者推行"无痕化"绿色施工,最大限度节约集约利用资源,减少环境破坏

※ 福建省三明市利用山水资源发展生态旅游，游客在泰宁县大金湖上欣赏水上丹霞景观

"我们既要绿水青山,也要金山银山。宁要绿水青山,不要金山银山,而且绿水青山就是金山银山。"这是重要的发展理念,也是推进现代化建设的重大原则。良好生态环境是最公平的公共产品,是最普惠的民生福祉。绿水青山既是自然财富、生态财富,又是社会财富、经济财富。要坚定不移保护绿水青山这个"金饭碗",利用自然优势发展特色产业,因地制宜壮大"美丽经济"。

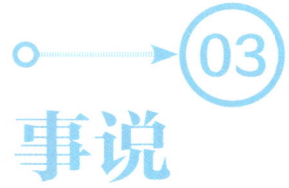

事说
绿色发展成就绿色生活

生态环境是关系党的使命宗旨的重大政治问题,也是关系民生的重大社会问题,推动形成绿色发展方式和生活方式,根本上是为了给人民群众创造良好的生产生活环境。随着生活水平不断提高,老百姓现在吃饱穿暖了,热切期盼天更蓝、山更绿、水更清、环境更优美。

海绵城市是一种绿色生态的城市发展方式,使城市能够像海绵一样,在适应环境变化和应对自然灾害等方面,具有良好的"弹性"。下雨时,吸水、蓄水、渗水、净水;需要时,将蓄存的水"释放"并加以利用。

江西省萍乡市位于赣湘水系的分水岭,境内地势比邻县市高,且无过境河流,天然储水条件差,城区一旦遭遇短时强降雨,易发生城市内涝。2015年4月,萍乡市被确立为全国首批海绵城市建设试点城市,先后出台了一系列规划、标准和管理制度,在市区规划了32.98平方公里的示范区,确立了"小雨不积水、大雨不内涝、水体不黑臭、热岛有缓解"的总体目标。

经过几年的大力建设,萍乡市区尤其是老城区的排水防涝能力得到了有效增强,以往每逢雨季时常出现的"城里看海"景象越来越少,数万名居民不再受内涝之苦。

城市面貌的全面改善,得到了百姓点赞,萍乡市进一步提升城市品位,推动产业转型升级,依托生态资源打造出全国首个海绵特色小镇,建立了海绵产业孵化园。由此可见,海绵城市建设不仅带来绿色发展的新契机,也切实改善了人民生活,让群众拥有了更多获得感和幸福感。

近年来,全国各大城市大力推行垃圾分类,上海、北京等超大城市,通过法规先行、社会参与、正向激励、精细操作,居民垃圾分类达标率已稳步提升,让文明习惯常留"指间",绿色生活常在"心间",诠释了"新时尚"的内涵。

习近平总书记指出:"每个人都是生态环境的保护者、建设者、受益者,没有哪个人是旁观者、局外人、批评家,谁也不能只说不做、置身事外。"生态环境没有替代品,用之不觉,失之难存。必须坚持节约优先、保护优先、自然恢复为主的方针,坚定不移走生产发展、生活富裕、生态良好的文明发展道路,建设人与自然和谐共生的现代化,建设望得见山、看得见水、记得住乡愁的美丽中国。

绿水青山是人民幸福生活的重要内容,是金钱不能代替的。挣到了钱,但空气、饮用水都不合格,哪有什么幸福可言。环境就是民生,青山就是美丽,蓝天也是幸福。发展经济是为了民生，保护生态环境同样也是为了民生。要坚持生态惠民、生态利民、生态为民，以解决损害群众健康的突出环境问题为重点，坚决打好污染防治攻坚战，让良好生态环境成为人民幸福生活的增长点。

生态环境问题归根结底是发展方式和生活方式问题。要从根本上解决生态环境问题，必须贯彻绿色发展理念，坚决摒弃损害甚至破坏生态环境的增长模式，加快形成节约资源和保护环境的空间格局、产业结构、生产方式、生活方式，把经济活动、人的行为限制在自然资源和生态环境能够承受的限度内，给自然生态留下休养生息的时间和空间。

全社会要牢固树立生态文明理念，增强节约意识、环保意识、生态意识，倡导简约适度、绿色低碳的生活方式，反对奢侈浪费和不合理消费，形成文明健康的生活风尚。通过生活方式绿色革命，倒逼生产方式绿色转型，把建设美丽中国转化为全民自觉行动。

坚持系统思维，构建大安全格局，促进国际安全和世界和平，为建设社会主义现代化国家提供坚强保障。

——2020年12月11日，习近平在主持十九届中央政治局第二十六次集体学习时的讲话

我们安全吗？

"生于忧患，死于安乐。"我们人类在生产和生活中面临着来自各方面的安全威胁，我国自古以来就强调增强忧患意识，做到居安思危。

安全是一个人实现发展的前提和基础，真正的安全是一个人在主观上没有感受到恐惧，在客观上没有遭受到威胁。然而，个人的安全依赖于国家安全的实现。

在《中华人民共和国国家安全法》中，国家安全是指国家政权、主权、统一和领土完整、人民福祉、经济社会可持续发展和国家其他重大利益相对处于没有危险和不受内外威胁的状态，以及保障持续安全状态的能力。

迈入中国特色社会主义新时代，在总体国家安全观指导下，我们走出了一条中国特色国家安全道路！

第十章 揭开国家安全的"面纱"

01 画说

认识"大安全"

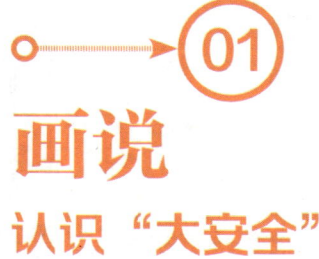

2014年4月15日，习近平总书记主持召开中央国家安全委员会第一次会议，并在会议上首次正式提出"总体国家安全观"，阐述了新形势下我国国家安全工作需要回答和解决的一系列重大理论和实践问题，明确将"总体国家安全观"确立为新时期国家安全工作的指导思想。

生态安全

资源安全

核安全

海外利益安全

太空安全

极地安全

生物安全

深海安全

国家安全包含哪些内容？

总体国家安全观具有系统性、全面性和持续性等重要特征，它的提出丰富了国家安全的内涵和外延，是推进国家治理体系和治理能力现代化的重大理论成果。

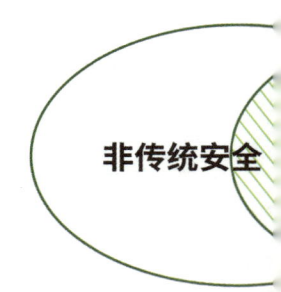

2014年，在总体国家安全观首次提出之时，党和国家领导人明确了国家安全体系涵盖11类安全问题，它们是政治安全、国土安全、军事安全、经济安全、文化安全、社会安全、科技安全、网络安全、生态安全、资源安全和核安全。

随着安全局势的发展，国家安全体系的内涵也在不断地发展和丰富，海外利益安全、太空安全、极地安全、深海安全和生物安全等安全问题被涵盖在内。

安全领域如何划分?

安全问题主要是以传统安全和非传统安全两个领域来划分,另有一些属于传统安全和非传统安全相互交织的安全问题。

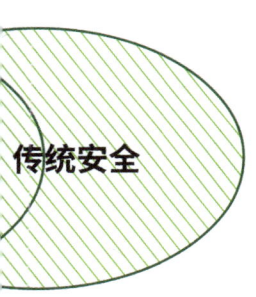

传统安全问题,指安全维护与军事武力、权力因素相关涉的安全问题。在国家安全体系中,军事安全、国土安全和政治安全就是典型的传统安全问题。

非传统安全问题,指安全维护与非军事武力等因素相关涉的安全问题,主要是相对于传统安全问题而言的。经济安全、文化安全、社会安全、科技安全、网络安全、生态安全、资源安全、生物安全等安全问题,是典型的非传统安全问题。

交织型安全问题,指非传统安全与传统安全在各自领域交叉、伴随和附着存在的安全问题。如核安全、海外利益安全、太空安全。

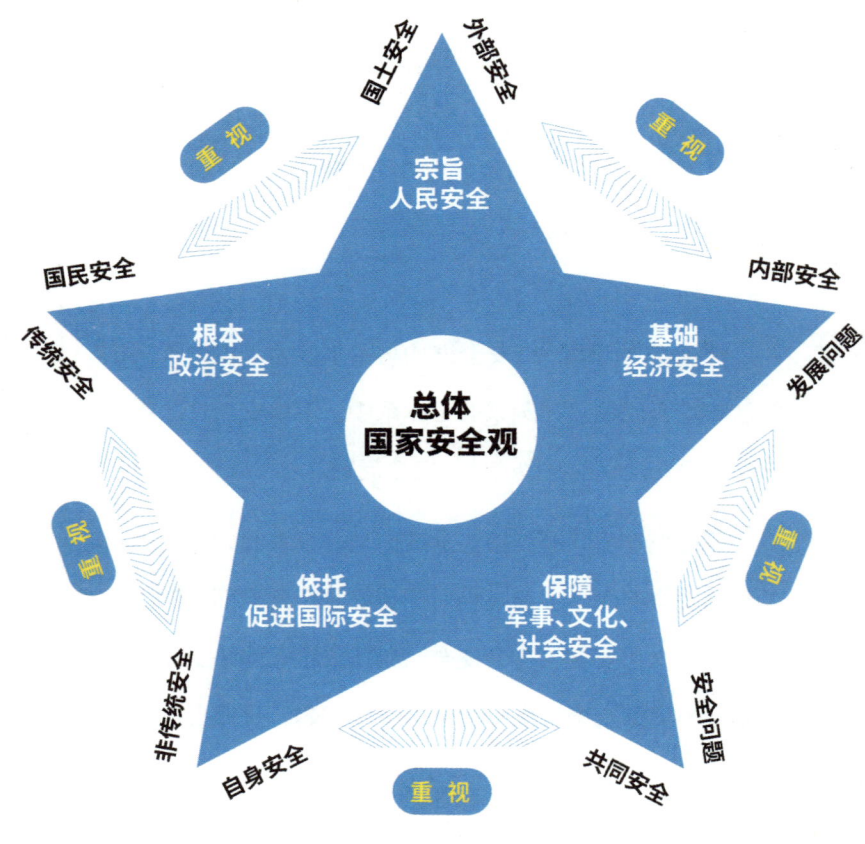

国家安全的内涵与外延如何概括？

总体国家安全观，全面、详细、系统地概括了国家安全的内涵与外延，可以归结为五大要素和五对关系。

五大要素，就是以人民安全为宗旨，以政治安全为根本，以经济安全为基础，以军事、文化、社会安全为保障，以促进国际安全为依托。

五对关系，就是既要重视外部安全，又要重视内部安全，强调内部安全与外部安全彼此联系，相互影响；既重视国土安全，又重视国民安全，强调国土安全与国民安全存在有机的统一；既重视传统安全，又重视非传统安全，强调传统安全威胁与非传统安全威胁相互影响，并在一定条件下可能相互转化；既重视发展问题，又重视安全问题，强调发展和安全是一体之两面；既重视自身安全，又重视共同安全，强调全球化和相互依赖使得中国和世界的安全已密不可分。

数说
建设"平安中国"

🏛 政治安全
★ 我国反恐怖斗争态势持续向好，连续**4年**多未发生暴恐案事件。

¥ 经济安全
★ 依法严厉打击非法集资、金融诈骗、制贩假币、地下钱庄等突出经济犯罪，2014年至2020年，共破获经济犯罪案件**68.1万**起，挽回经济损失**4000多亿**元。

68.1万起　　**4000多亿**元

👥 社会安全
★ 截至2020年，全国刑事案件立案总量连续**5年**下降，2020年中国全国群众安全感指数达**98.4%**。在15个民生领域现状满意度调查中，全国居民对社会治安满意度位列第**一**。

连续**5年**下降　　安全感指数**98.4%**

"平安中国"成绩单

（截至 2020 年）

🌱 生态安全

★ 严密防范、严厉打击各类破坏生态环境违法犯罪，2014年至2020年，共侦破破坏环境类犯罪案件 **19.9万** 起。

🌲 侦破 **19.9万** 起

🌐 网络安全

★ 开展"净网"专项行动，围绕侵犯公民个人信息、跨境网络赌博等发起集群战役，2014年至2020年共破获网络违法犯罪 **40.5万** 起，抓获犯罪嫌疑人 **59万** 名。

🌐 破获 **40.5万** 起　　🐱 抓获 **59万** 名

💰 海外利益安全

★ 2015年在战火纷飞的也门，中国政府分 **4批** 安全撤离 **600多** 名中国公民，同时协助来自 **10多** 个国家的 **270多** 名外国公民安全离开。

🏃 分 **4批** 撤离 **600多** 名中国公民　　🌐 协助 **10多** 个国家 **270多** 名公民离开

无论是一些国家和地区战火引发的难民危机,还是恐怖主义带来的社会恐慌,无论是核泄漏事故形成的环境污染,还是疫情失控造成的各种乱象,都在告诫我们:"这个世界并不太平。"当下人类尚处于一个不安全的时代,幸运的是,我们生活在一个安全的国家。

平安是老百姓解决温饱后的第一需求,是极重要的民生,也是最基本的发展环境。新时代以来,党中央大力推动平安中国建设,"扫黑除恶"成为与"打虎拍蝇"一样备受关注的国家行动,一大批黑恶势力连同背后的"关系网""保护伞"被连根拔起,社会治安形势持续向好。截至 2020 年 12 月底,全国累计打掉涉黑组织 3644 个、涉恶犯罪集团 11675 个,抓获犯罪嫌疑人 23.7 万人,有力打击震慑了黑恶势力犯罪,人民群众安全感显著增强。

建设"平安中国"的一系列举措打造了国家安全的"金钟罩",为实现中华民族伟大复兴提供了坚强安全保障,中国已是世界上最有安全感的国家之一。国际知名的盖洛普咨询公司 2020 年公布的《全球最安全国家榜单》中,中国高居第 3 位,是前 10 名国家中唯一人口过亿的大国。

03 事说"最美逆行者"

疫情中白衣天使是"最美逆行者",向病毒发起进攻;祖国边防线上戍边战士是"最美逆行者",与来犯的敌人英勇斗争……"哪有什么岁月静好,只是有人在为我们负重前行",这句话用在国家安全的维护上最为贴切。我们能够享受幸福宁静的生活,是因为各行各业的奉献者们坚守住了安全阵地。

2020年1月,新冠肺炎疫情暴发。疫情暴发初期,湖北医护人员严重不足,中央统筹全国医疗资源组成各省援鄂医疗队。据统计,从2020年1月24日至3月8日,全国累计派出346支国家医疗队，共4.26万名医护人员援鄂抗疫。

"白衣执甲，逆行出征。"全国各地医护人员在"疫情就是命令，白衣就是战袍"的号召下，勇敢地向病毒发起进攻，始终将人民群众生命安全和身体健康放在首位，全力以赴救治患者。在艰苦的"战疫"中，有的医护人员付出了生命的代价，但是他们救死扶伤、甘于奉献的精神将为世人所铭记。

2020年6月，外军非法越线、率先挑衅、暴力攻击中方前出交涉人员，蓄意制造了加勒万河谷冲突，造成双方人员伤亡。在前出交涉和激烈冲突中，团长祁发宝身先士卒，身负重伤；营长陈红军、战士陈祥榕突入重围营救，奋力反击，英勇牺牲；战士肖思远，突围后义无反顾返回营救战友，战斗至生命最后一刻；战士王焯冉，在渡河前出支援途中，拼力救助被冲散的战友脱险，自己却淹没在冰河之中。

中央军委隆重嘉奖了这几位为国戍边的官兵。他们是在习近平新时代中国特色社会主义思想和习近平强军思想培育下成长起来的钢铁战士，是新时代"四有"革命军人的杰出代表，是对党绝对忠诚、矢志强军报国的时代先锋。

"宁将鲜血流尽，不失国土一寸"，这是边防官兵的铮铮誓言！边防官兵们用钢铁身躯立起了祖国的界碑，誓死捍卫我国领土和主权完整是他们最崇高的使命、最坚定的信念。

习近平总书记强调:"国泰民安是人民群众最基本、最普遍的愿望。实现中华民族伟大复兴的中国梦,保证人民安居乐业,国家安全是头等大事。"

安而不忘危,存而不忘亡,治而不忘乱。我们党诞生于国家内忧外患、民族危难之时,对国家安全的重要性有着刻骨铭心的认识,始终把维护国家安全工作紧紧抓在手上。

当前我国面临复杂多变的安全和发展环境,各种可以预见和难以预见的风险因素明显增多,各方面风险可能不断积累甚至集中显露。国家安全内涵和外延比历史上任何时候都要丰富,时空领域比历史上

任何时候都要宽广,内外因素比历史上任何时候都要复杂,维护国家安全和社会稳定的任务十分艰巨繁重。

因此,我们必须进一步增强忧患意识,始终居安思危,高度重视加强国家安全工作,把思想和行动统一到党中央对国家安全工作的决策部署上来,不断增强防范能力,化解来自自然的和社会的、国内的和国际的、可以预料的和难以预料的安全挑战。

国家安全一切为了人民、一切依靠人民,全党全社会要共同努力,汇聚起维护国家安全的强大力量,夯实国家安全的社会基础。

推动建设持久和平、普遍安全、共同繁荣、开放包容、清洁美丽的世界，让人类命运共同体建设的阳光普照世界。

——2018年3月20日，习近平在十三届全国人大一次会议上的讲话

从**"世界大同，天下一家"**的梦想追求，到**"四海之内，皆兄弟也"**的价值主张，从**"协和万邦"**的思想内核，到**"环球同此凉热"**的关怀情谊，人类命运共同体理念，从历史深处走来，在时代风云中淬炼，向着光明前景进发。

当今世界，随着经济全球化、社会信息化和科技智能化的发展，全人类已经进入了一个高度相互依存的时代。各个国家之间的相互联系空前深化，人类生活在地球上已经形成了你中有我、我中有你的共同体。

浩瀚宇宙，地球是我们共有的"太空救生艇"，我们唯有通力合作、携手前行，方能应对各种风险挑战，共建更加繁荣美好的世界。

第十一章 构建人类命运共同体

01 画说

世界怎么了，我们怎么办

当今世界正处于百年未有之大变局。一方面，新兴市场国家和发展中国家正在崛起，对世界经济增长的贡献率已达到80%，经济总量占世界的比重接近40%，世界多极化趋势日益明显。另一方面，单边主义、保护主义抬头，掀起了逆全球化的浪潮，恐怖主义、难民危机、气候变化等全球性问题日益增多，人类发展面临的不确定性和不稳定性愈发突出。2017年1月，习近平主席在联合国日内瓦总部演讲时发出了时代之问："世界怎么了，我们怎么办？"

世界局势的变化给全球治理机制带来了新挑战、提出了新要求。全球治理面临着"治理赤字""信任赤字""和平赤字""发展赤字"等问题，人类发展处在需要做出历史抉择的十字路口。2020年9月，联合国秘书长古特雷斯指出："世界不仅需停止'热'冲突，也必须避免新冷战，通过制定新社会契约、改善全球治理共同应对挑战。"

为推动全球各国共同担当责任，积极行动起来完善全球治理机制，中国从全人类共同的生存和发展前途出发，郑重提出构建人类命运共同体的理念倡导。主张坚持对话协商，建设一个持久和平的世界；坚持共建共享，建设一个普遍安全的世界；坚持合作共赢，建设一个共同繁荣的世界；坚持交流互鉴，建设一个开放包容的世界；坚持绿色低碳，建设一个清洁美丽的世界。

这一完善全球治理的中国智慧和中国方案，逐渐为世界各国人民理解和接受，并最终用于全球治理实践的过程中。国际社会高度评价中国推动构建人类命运共同体的实践，正如第71届联合国大会主席彼得·汤姆森所言，构建人类命运共同体"是人类在这个星球上的唯一未来"。

数说
全球治理的中国担当

中国维和三十年（1990—2020）数据统计

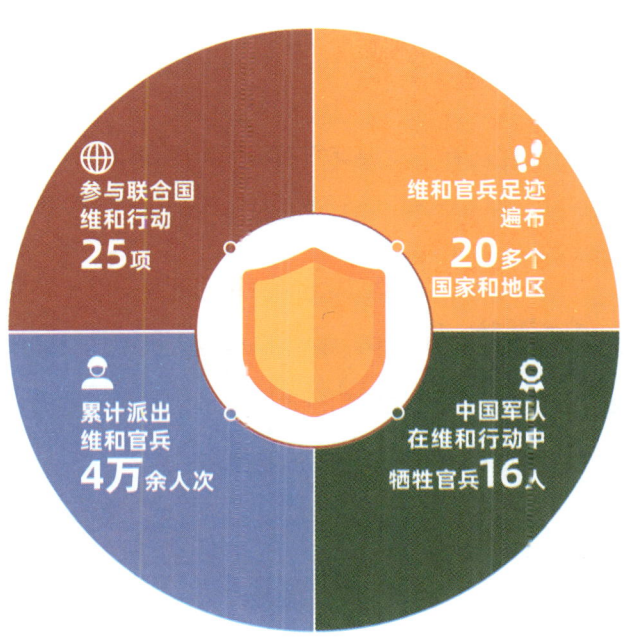

- 参与联合国维和行动 **25**项
- 维和官兵足迹遍布 **20**多个国家和地区
- 累计派出维和官兵 **4万**余人次
- 中国军队在维和行动中牺牲官兵 **16**人

和平与发展仍然是当今世界的主题，中华民族是热爱和平的民族，中国在和平崛起的进程中积极担当维护世界和平的责任。

30年来，中国军队先后参加25项联合国维和行动，累计派出维和官兵4万余人次，忠实履行维和使命，为维护世界和平、促进共同发展作出积极贡献。中国派出的维和官兵不仅数量稳步上升，而且类型全面，在监督停火、稳定局势、保护平民、安全护卫、支援保障和人道主义救援等方面发挥了重要作用。他们的足迹遍布世界20多个国家和地区，在推进和平解决争端、维护地区安全稳定、促进驻在国经济社会发展等方面发挥了重要作用，其中有16名中国官兵为了全球和平事业献出了宝贵生命。

进入新时代，中国军队全面落实习近平主席出席联合国维和峰会时宣布的承诺，以服务构建人类命运共同体为目标，已经成为联合国维和行动的关键因素和重要力量，为世界和平与发展注入了更多正能量。

RCEP 数据概览

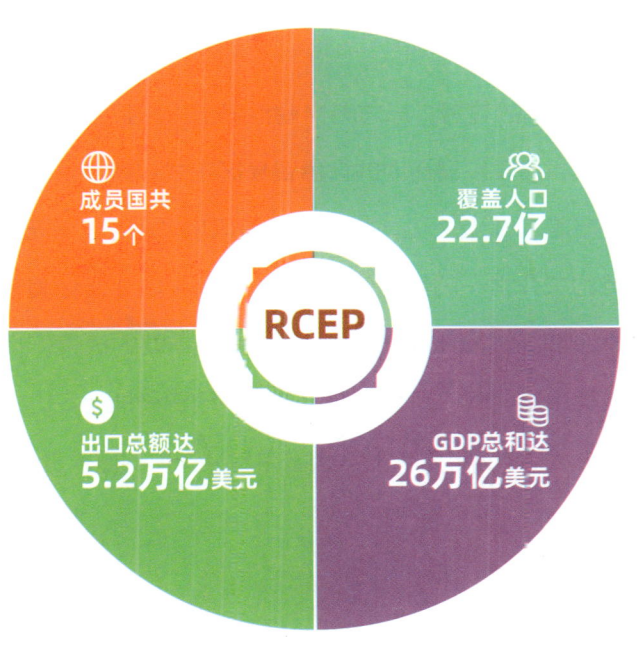

2012年,东盟组织发起了亚太地区的《区域全面经济伙伴关系协定》(RCEP),经过8年、31轮的正式谈判,东盟10国和中国、日本、韩国、澳大利亚、新西兰共15个亚太国家终于在2020年11月15日正式签署了《区域全面经济伙伴关系协定》。

RCEP的签署,标志着当前世界上人口最多、经贸规模最大、最具发展潜力的自由贸易区正式启航。自由贸易区内覆盖人口22.7亿,各国GDP总和达26万亿美元,占全球约三分之一的经济体量,出口总额达5.2万亿美元。这是东亚经济一体化建设近20年来最重要的成果,也是在人类命运共同体理念的指引下,中国积极推动多边主义和自由贸易取得胜利,为人类繁荣发展作出的重要贡献。

03 事说
"一带一路"插上腾飞的翅膀

构建人类命运共同体理念让中国迈向更高层次的对外开放，积极促进"一带一路"国际合作，努力实现政策沟通、设施联通、贸易畅通、资金融通、民心相通，打造国际合作新平台，增添共同发展新动力。

位于非洲西部最西端的塞内加尔素有"西非门户"之称，"一带一路"所提及的重点合作领域与塞内加尔国内的振兴计划高度契合。在其首都达喀尔以东，中国路桥工程有限责任公司承建了一条全长113公里的高速公路，将该国的两座重要城市捷斯和图巴连接起来。高速公路的修建推动了塞内加尔内部互联互通建设，给沿线经济发展带来了多种好处。道路修通方便了沿线居民,给当地人带来了发展机遇。

"道路通,百业兴。""一带一路"倡议提出后,以"路"为代表的基础设施建设在非洲大陆向四处延伸。中国为非洲国家援助和融资修建的铁路、公路已经超过5000公里,形成了非洲"四纵六横"铁路网、"三纵六横"公路网。此外,还修建了机场和港口,培训超过16万名人才,为非洲国家经济发展作出了积极贡献。

截至2021年1月底,中国累计同140个国家和31个国际组织签署205份共建"一带一路"合作文件,基本形成了"六廊六路多国多港"的互联互通架构。一项项看得见、摸得着的举措给沿线国家带来实实在在的利益,为沿线国家插上腾飞的翅膀。

"一带一路"是和平之路、繁荣之路、开放之路、创新之路、文明之路,向世界宣示了参与全球开放合作、改善全球经济治理体系、促进全球共同发展繁荣、推动构建人类命运共同体的中国方案。

习近平总书记指出:"人类命运共同体,顾名思义,就是每个民族、每个国家的前途命运都紧紧联系在一起,应该风雨同舟,荣辱与共,努力把我们生于斯、长于斯的这个星球建成一个和睦的大家庭,把世界各国人民对美好生活的向往变成现实。"

人类命运共同体理念是以习近平同志为核心的党中央准确把握时代发展大势所提出的全球治理中国方案,贯穿了新时代中国外交理念和实践的方方面面。它超越了民族国家和意识形态的局限:向世界展现了中国和平发展的决心和促进世界各国合作共赢的愿景。构建人类命运共同体理念顺应了万史潮流,回应了时代要求，凝聚了各国共识，为人类社会实现共同发展、持续繁荣、长治久安绘制了蓝图。

"世界好，中国才能好；中国好，世界才更好。"作为世界变局中的稳定器、正能量，面向未来，中国将一如既往为世界和平安宁作贡献，一如既往为世界共同发展作贡献，一如既往为世界文明交流互鉴作贡献，同世界各国人民一道，推动构建人类命运共同体，推动共建"一带一路"高质量发展，以中国的新发展为世界提供新机遇，携手建设一个更加美好的世界！

坚持和完善党的领导，是党和国家的根本所在、命脉所在，是全国各族人民的利益所在、幸福所在。

——2016年7月1日，习近平在庆祝中国共产党成立95周年大会上的讲话

"莫言下岭便无难，赚得行人错喜欢。正入万山圈子里，一山放出一山拦。"

这是南宋诗人杨万里的一首诗，意在告诉我们前进道路上始终存在着这样或那样的困难。

在实现"两个一百年"奋斗目标的征程中，我们不知还要爬多少坡、过多少坎、经历多少风风雨雨、克服多少艰难险阻。应对和战胜前进道路上的各种风险挑战，从根本上讲要靠党的领导。

中国共产党是我们各项事业的领导核心，党的领导是中国特色社会主义最本质的特征，是中国特色社会主义制度的最大优势。"六合同风，九州共贯"，在当代中国，没有中国共产党的领导，这个是做不到的。

第十二章

党的领导是根本保证

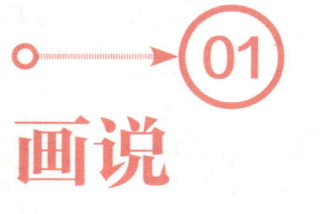

画说
众星捧月,众志成城谋发展

　　无论是创造经济发展奇迹,成为世界第二大经济体,还是持续向贫困宣战,解决千百年来困扰中华民族的绝对贫困问题;无论是提出小康社会目标,不断改善人民生活,还是全面建成小康社会,开启全面建设社会主义现代化国家新征程,中国特色社会主义取得的一切进步和成就根本在于始终坚持党的领导。

　　习近平总书记强调:"我国社会主义政治制度优越性的一个突出特点是党总揽全局、协调各方的领导核心作用,形象地说是'众星捧月',这个'月'就是中国共产党。"

中国共产党的领导，是历史的选择、人民的选择，是由近代以来中国社会发展的历史逻辑、理论逻辑、实践逻辑决定的。党的领导是中国特色社会主义制度的最大优势，是党和国家的根本所在、命脉所在；党政军民学，东西南北中，党是领导一切的，必须坚持和完善党的领导体制机制，确保党始终总揽全局、协调各方。

新时代以来，党和国家的事业之所以能够取得历史性成就、发生根本性变革，党的十九大以后，我们之所以能够战胜各种风险挑战、推动经济社会实现高质量发展，归其根本就是因为有以习近平同志为核心的党中央坚强有力领导。

马克思主义使命型政党始终以一种"赶考意识""忧患意识"对待党的事业、党的建设。党的十八大以来,以习近平同志为核心的中央领导集体始终牢记带领人民实现伟大复兴的历史使命,以肩负伟大使命的坚定与自信,发出"打铁必须自身硬"的庄严承诺,大力整治形式主义、官僚主义、享乐主义和奢靡之风"四风"问题,先后开展党的群众路线教育实践活动、"三严三实"专题教育、"两学一做"学习教育、"不忘初心、牢记使命"主题教育、党史学习教育,不断把作风建设引向深入,使党的面貌和形象有了根本性的好转。

2021年,在建党百年之际,习近平总书记指出:"只要全党全国各族人民紧密团结在党中央的周围,就没有任何困难能够难倒我们,就没有任何力量能够阻挡中华民族实现伟大复兴的铿锵步伐!"

图说
立柱架梁,党内制度威力显

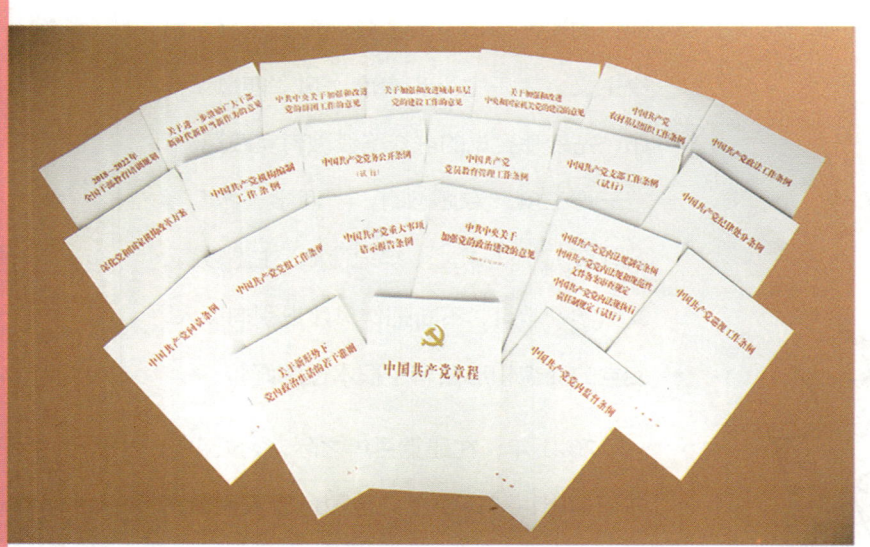

※ 党的十八大以来,制定和修订的部分重要党内法规制度

※ 《中共中央关于加强党内法规制度建设的意见》提出，努力形成以"1+4"为基本架构的党内法规制度体系

※ 庆祝中华人民共和国成立70周年大会上以鲜红的巨大党章模型为主体的"从严治党"方阵

新时代，以习近平同志为核心的党中央全方位推进党内法规制度体系建设，取得了历史性成就。先后组织制定修订200多部中央党内法规，各位阶、各领域、各层面、各环节的党内法规制度体系建设有序展开，形成了以党章为统领、若干配套党内法规为支撑的党内法规制度体系。

这一体系是以党章为根本,以民主集中制为核心,以准则、条例等中央党内法规为主干,由各领域各层级党内法规制度组成的有机统一整体,做到了前后衔接、左右联动、上下配套、系统集成,党内生活主要领域实现了有章可循、有规可依。新时代,要坚持和加强党的全面领导,必须强调制度的硬约束属性,把权力关进制度的笼子里。在制度面前、在组织纪律面前,没有例外。

党的十八大以来,我们党修订了《党内监督条例》《巡视工作条例》《纪律处分条例》等全方位彰显制度威力的党内铁律,严明党的纪律特别是政治纪律和政治规矩,有力维护了党的纯洁性和先进性。

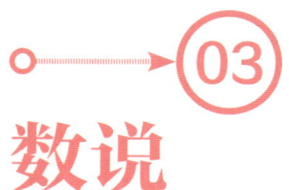

数说

刀刃向内，自我革命永不息

时期	项目	总计	级别				形式主义、官僚主义问题			
			省部级	地厅级	县处级	乡科级及以下	贯彻党中央重大决策部署有令不行、有禁不止，或者表态多调门高、行动少落实差，脱离实际、脱离群众，造成严重后果	在履职尽责、服务经济社会发展和生态环境保护方面不担当、不作为、乱作为、假作为，严重影响高质量发展	在联系服务群众中消极应付、冷硬横推、效率低下，损害群众利益，群众反映强烈	文山会海反弹回潮，文风会风不实不正，督查检查考核过多过频、过度留痕，给基层造成严重负担
2020年	查处问题数 批评教育帮助和处理人数	136203	0	587	8286	127330	3203	60184	3369	654
		197761	0	706	10675	186380	4997	90513	4865	1044
	党纪政务处分人数	119224	0	484	6653	112087	2392	50527	2341	269

备注 享乐主义、奢靡之风"其他"问题包括：违规配备和使用公车、楼堂馆所问题、提供或接受超标…动、违规出入私人会所、领导干部住房违规。

2020年全国查处违反中央八项规定精神问题统计表

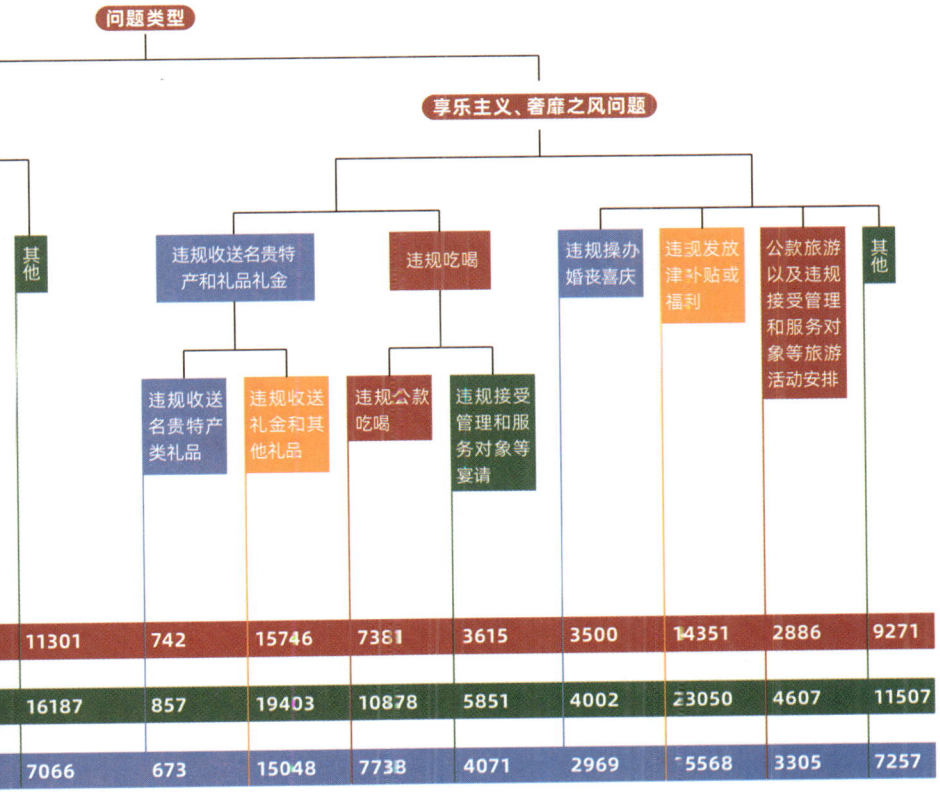

从嘉兴南湖一叶画舫上寻找光明的"摆渡人",到驾驭世界第二大经济体的"领航者",再到全面从严治党的"改革家",中国共产党始终以"刀刃向内"之姿,用敢于"刮骨疗伤"之态,擘画了一幅举世瞩目、风云激荡的崭新蓝图。

"能胜强敌者,先自胜者也。"勇于自我革命,是我们党最鲜明的品格,也是我们党最大的优势。在百年奋斗历程中,我们党始终保持勇于自我革命的朝气和锐气,同一切影响党的先进性、弱化党的纯洁性的问题作坚决斗争,实现自我净化、自我完善、自我革新、自我提高。

新时代,以"八项规定"为切入口,全面从严治党向纵深发展,正风肃纪驰而不息,党心民心为之一振,党风政风为之一新。2020年,全国共查处违反中央八项规定精神问题136203起,批评教育帮助和处理197761人,党纪政务处分119224人。2012年到2021年,干部作风一年一个样,政治生态大变样,当初的"新规定"已变成今天的"老规矩"。"八项规定"落实义无反顾,全面从严治党不断推进,人民的获得感越来越强。

腐败是社会毒瘤,是我们党面临的最大威胁。不得罪成百上千的腐败分子，就要得罪十几亿人民，这是一笔再明白不过的政治账、人心向背的账。党的十八大以来，我们党反腐败斗争力度之大、成效之巨，中国历史未有，世界历史罕见。2020年，全国纪检监察机关共接收信访举报322.9万件次，处置问题线索170.3万件，谈话函询36.4万件次，处分60.4万人（其中党纪处分52.2万人）。这组数据表明，腐败存量还未清底，增量仍有发生。现实警醒我们，必须坚持不懈地一体推进不敢腐、不能腐、不想腐，不断巩固发展反腐败斗争压倒性胜利。

"我们党作为世界第一大党，没有什么外力能够打倒我们，能够打倒我们的只有我们自己。"新时代以来，以习近平同志为核心的党中央统筹中华民族伟大复兴战略全局和世界百年未有之大变局，坚持以党的自我革命引领伟大社会革命，坚定不移推进全面从严治党，坚定不移推进党风廉政建设和反腐败斗争，坚定不移把党建设得更加坚强有力，推动全面从严治党取得新的重大成果。全面从严治党永远在路上，面向未来，要完成好党的历史使命，把中国特色社会主义事业继续推向前进，必须始终保持自我革命的精神斗志。

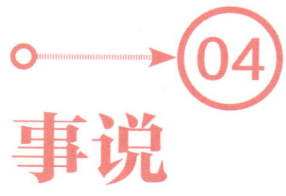

事说
我将无我,肩负重托领路者

烂漫的山花中,我们发现你。自然击你以风雪,你报之以歌唱。命运置你于危崖,你馈人间以芬芳。不惧碾作尘,无意苦争春,以怒放的生命,向世界表达倔强。你是崖畔的桂,雪中的梅。

——《感动中国》栏目给张桂梅的颁奖词

"只要我还有一口气,为了自己入党的誓言,为了心中的梦想,我将选择奋斗到生命的最后一刻。"这是2020年度全国优秀党员张桂梅的心声。

作为一名普通党员，她耗尽了全部心血，投入到边疆民族地区教育事业和儿童福利事业当中，创办了全国第一所全免费女子高中，而且还是华坪儿童之家130多个孤儿的"妈妈"。

张桂梅坚持用红色文化引领教育，培养学生不畏艰辛、吃苦耐劳的品格，引导学生铭记党恩、回报社会。她坚持每周开展1次理论学习、重温1次入党誓词的组织生活，发挥党员在学校各项工作中的先锋模范作用。

她常年坚持家访，行程11万多公里，覆盖学生1300多名，为学校留住了学生，为学生留住了用知识改变命运的机会。她吃穿用非常简朴，对自己近乎"抠门"，却把工资、奖金捐出来，用在教学和学生身上。她以坚忍执着的拼搏和无私奉献的大爱，诠释了共产党员的初心使命。

正是因为有无数像张桂梅这样的优秀党员，党才能集聚磅礴力量，带领人民从胜利走向胜利。从普通党员张桂梅到我们党的领导核心——习近平总书记，始终牢记自己的政治身份，以身作则、率先垂范，向人民、向世界证明中国共产党的独特优势。

2019年，意大利众议长菲科问习近平当选中国国家主席时是什么心情？习近平主席回答：这么大一个国家，责任非常重、工作非常艰巨。我将无我，不负人民。我愿意做到一个"无我"的状态，为中国的发展奉献自己。

纵观2020年全年，公开报道的习近平重要活动超过500个，一年中周末仍有公开报道的就有近30周。除了如此频繁的会议活动，习近平还要审阅大量的重要文件。重大改革方案，每一稿他都要逐字逐句亲笔修改；报送给他的请示，不管多晚，第二天早上都能收到他的批示。

这样的高强度工作下，几乎不可能有自己的时间。但习近平总书记总是强调，是人民"把我放在这样的工作岗位上""责任重于泰山"！他曾引用诸葛亮的《出师表》表达自己的心情："受命以来，夙夜忧叹，恐托付不效。"肩负着人民的信任和重托，八年如一日，习近平总书记不知疲倦、兢兢业业，他既是领路人，也是奋斗者。

"我将无我,不负人民"，既有钢铁意志，又具侠骨柔肠，这是一个共产党人应有的人生观、价值观，是所有党员都应永远追求的崇高境界。

习近平总书记强调:"办好中国的事情,关键在党。中华民族近代以来180多年的历史、中国共产党成立以来100年的历史、中华人民共和国成立以来70多年的历史都充分证明,没有中国共产党,就没有新中国,就没有中华民族伟大复兴。"

我们党成立百年来,之所以能够从小到大、由弱到强,带领中国人民不懈奋斗,取得民族独立、人民解放,实现国家富强、人民幸福,一个重要原因就在于不断加强党的全面建设,提升党的长期执政能力,充分发挥党的领导核心作用、基层党组织的战斗堡垒作用和广大党员的先锋模范作用。只有坚持党的领导,国家的前途才有保证,社会主义的事业才有力量。

中国共产党走过百年光辉历程,立志于中华民族千秋伟业,百年恰是风华正茂,要始终站在时代潮流最前列、站在攻坚克难最前沿、站在最广大人民之中,永远立于不败之地。在开启全面建设社会主义现代化国家新征程的关键时刻,要用党的奋斗历程和伟大成就鼓舞斗志、明确方向,用党的光荣传统和优良作风坚定信念、凝聚力量,用党的实践创造和历史经验启迪智慧、砥砺品格。

历史充分证明,赢得人民信任,得到人民支持,党就能够克服任何困难,就能够无往而不胜。要始终把人民放在心中最高位置,凝聚起实现民族复兴的磅礴伟力,万众一心朝着宏伟目标坚定前行!

后 记

本书由中共湖南省委宣传部组织编写,全国人大外事委员会委员、中央党史和文献研究院原院务委员陈晋主编,中央党校经济学部周跃辉研究员,湖南师范大学马克思主义学院杨蕾、陈佳、邢鹏飞、戴晓慧等老师参与撰写。在编写过程中,本书广泛参考了相关资料,在此感谢新华社、国家统计局、共青团中央等单位提供的素材和数据支持。在策划和组稿过程中,本书先后得到刘学、张国祚、刘建武、郑昌华、邓清柯、钟君、沈德良、陈培永、杜庆昊、李爱军、陈瑞来等领导和专家学者的指导协助,在此一并致谢。由于时间关系,书中个别图片暂未联系到著作权人,我们将继续联系,也请相关单位或个人与我们接洽处理。

编 者

2021 年 8 月

本作品中文简体版权由湖南人民出版社所有。
未经许可,不得翻印。

图书在版编目(CIP)数据

"四说"新时代 打卡新思想/陈晋主编. — 长沙:湖南人民出版社,2021.9 (2022.4)

ISBN 978-7-5561-2702-3

Ⅰ.①四… Ⅱ.①陈… Ⅲ.①习近平新时代中国特色社会主义思想—通俗读物 Ⅳ.①D610-49

中国版本图书馆CIP数据核字(2021)第085862号

"SI SHUO" XINSHIDAI DAKA XINSIXANG
"四说"新时代 打卡新思想

主　　编	陈　晋
出版统筹	黎晓慧　陈　实
特约编辑	刘彩薇
监　　制	傅钦伟
产品经理	潘　凯　田　野　姚忘林　刘　婷　张玉洁
责任编辑	李思远　徐　蓉　陈　实　傅钦伟　潘　凯
责任校对	夏丽芬
装帧设计	伋　玖
内文设计	谢俊平

出版发行	湖南人民出版社［http://www.hnppp.com］
地　　址	长沙市营盘东路3号
邮　　编	410005
电　　话	0731-82683313

印　　刷	长沙超峰印刷有限公司
版　　次	2021年9月第1版
印　　次	2022年4月第3次印刷
开　　本	880 mm × 1230 mm　　1/32
印　　张	8.25
字　　数	120千字
书　　号	ISBN 978-7-5561-2702-3
定　　价	58.00元

营销电话:0731-82683348 (如发现印装质量问题请与出版社调换)